JN320447

ロボティクスシリーズ 12

基礎 福祉工学

博士(工学) 手嶋 教之
博士(医学) 米本 清
　　　　　　相川 孝訓 共著
博士(芸術工学) 相良 二朗
博士(工学) 糟谷 佐紀

コロナ社

ロボティクスシリーズ編集委員会

編集委員長	有本　卓（立命館大学）
幹　　事	渡部　透（立命館大学）
編集委員	石井　明（立命館大学）
（五十音順）	手嶋教之（立命館大学）
	前田浩一（立命館大学）

（2006 年 12 月現在）

刊行のことば

　本シリーズは，1996年，わが国の大学で初めてロボティクス学科が設立された機会に企画された．それからほぼ10年を経て，卒業生を順次社会に送り出し，博士課程の卒業生も輩出するに及んで，執筆予定の教員方からの脱稿が始まり，出版にこぎつけることとなった．

　この10年は，しかし，待つ必要があった．工学部の伝統的な学科群とは異なり，ロボティクス学科の設立は，当時，世界初の試みであった．教育は手探りで始まり，実験的であった．試行錯誤を繰り返して得た経験が必要だった．教える前に書いたテキストではなく，何回かの講義，テストによる理解度の確認，演習や実習，実験を通じて練り上げるプロセスが必要であった．各巻の講述内容にも改訂と洗練を加え，各章，各節の取捨選択も必要だった．ロボティクス教育は，電気工学や機械工学といった単独の科学技術体系を学ぶ伝統的な教育法と違い，二つの専門（T型）を飛び越えて，電気電子工学，機械工学，計算機科学の三つの専門（π型）にまたがって基礎を学ばせ，その上にロボティクスという物づくりを指向する工学技術を教授する必要があった．もっとたいへんなことに，2000年紀を迎えると，パーソナル利用を指向する新しいさまざまなロボットが誕生するに及び，本来は人工知能が目指していた"人間の知性の機械による実現"がむしろロボティクスの直接の目標となった．そして，ロボティクス教育は単なる物づくりの科学技術から，知性の深い理解へと視野を広げつつ，新たな科学技術体系に向かう一歩を踏み出したのである．

　本シリーズは，しかし，新しいロボティクスを視野に入れつつも，ロボットを含めたもっと広いメカトロニクス技術の基礎教育コースに必要となる科目をそろえる当初の主旨は残した．三つの専門にまたがるπ型技術者を育てるとき，広くてもそれぞれが浅くなりがちである．しかし，各巻とも，ロボティクスに

直接的にかかわり始めた章や節では，技術深度が格段に増すことに学生諸君も，そして読者諸兄も気づかれよう．恐らく，工学部の伝統的な電気工学，機械工学の学生諸君や，情報理工学部の諸君にとっても，本シリーズによってそれぞれの科学技術体系がロボティクスに焦点を結ぶときの意味を知れば，工学の面白さ，深さ，広がり，といった科学技術の醍醐味が体感できると思う．本シリーズによって幅の広いエンジニアになるための素養を獲得されんことを期待している．

2005年9月

編集委員長　有本　卓

まえがき

　本書は福祉工学の入門書である。ロボティクスシリーズの中の1冊として企画されたものではあるが，工学系学生のみならず，社会福祉や看護，理学療法や作業療法などを学ぶ学生にも利用してもらえるよう配慮した。

　近年は，家庭内など人間の近くで作業するロボットが注目されている。これらはサービスロボット，パーソナルロボット，人間共存型ロボットなどと呼ばれている。日常生活に困っている身体障害者や高齢者を支援する福祉ロボットは，早期の実用化に対する要望が特に強いといわれ，これまでにも多くの研究・試作がなされてきている。そのため，当初は福祉ロボットについて学ぶ学生向けに企画された本ではあるが，実際には本書にはほとんどロボットは出てこない。なぜなら，福祉ロボットの多くは実際には役にたっていないからである。著者らは，福祉の本質を理解せずに本当に役立つ福祉ロボットは作れないと考えている。実際に使用されている福祉機器の大多数は，車いすなどのローテク機器である。しかしローテクではあるけれども，その中に福祉分野で使われるための重要なノウハウが多数詰め込まれている。本書を通して既存のローテク福祉機器が利用されている理由や利用されていない理由を知ることによって，福祉分野にロボット技術を応用する場合に重要となるポイントを理解して欲しいと考えている。

　本書では，医学や福祉に関する詳細までは解説できていないので，工学系の読者には医学・福祉学の初歩的な参考書で内容を補ってもらいたい。または本書を講義で使用する場合には，この部分を先生に補足してもらえればありがたい。

　その一方で，社会福祉や看護，理学療法や作業療法などを学ぶ学生が市販の福祉機器について勉強するための教科書としても利用できるように配慮した。そのために，単に福祉機器の機能について説明するだけではなく，福祉機器の

選び方や使い方に関する注意についても言及している。現在福祉現場で働いている人でも，福祉機器に関する十分な知識を持っていない人は意外と多く，それと知らずに粗悪な機器を使っているケースもよく見られる。学生のみならず，このような現場の人にも参考にしてもらえるだろうと考えている。

　理数系の基礎知識がない学生でも理解できるように，数式等は使用していないが，高校程度の簡単な力学を説明に使用している部分がある。もしも理解しにくい場合には，高校の教科書を参考にしてもらいたい。

　本書によって福祉機器の正しい選択方法が広く認識され，また新しい福祉機器の開発につながり，ひいては少しでも身体障害者や高齢者のQOL向上に資することができれば望外の喜びである。

　なお，本書の1章，4.3節～4.5節，5章，6章は手嶋が，2章，3章は米本が，4.1節，4.2節，7章は相川が，8章，9章は相良と糟谷が執筆を担当した。

　2008年12月

著者代表　手嶋　教之

目 次

1. 福祉と福祉機器

1.1 福祉とその理念 ………………………………………………… 1
 1.1.1 福 祉 の 対 象 ………………………………………… 1
 1.1.2 福祉理念とICF ……………………………………… 2
 1.1.3 QOL と 自 立 ………………………………………… 3
1.2 高齢者と身体障害者の現状 ……………………………………… 4
 1.2.1 高 齢 者 の 現 状 ………………………………………… 4
 1.2.2 障 害 者 の 現 状 ………………………………………… 5
 1.2.3 障害者と高齢者の差異 ………………………………… 6
1.3 福 祉 工 学 …………………………………………………… 7
1.4 福 祉 機 器 …………………………………………………… 8
 1.4.1 福祉機器と規格 ………………………………………… 8
 1.4.2 海外と国内の福祉機器 ………………………………… 8
 1.4.3 福祉機器の選択と製品情報 …………………………… 9
 1.4.4 オーダーメイドとレディメイド ……………………… 11
 1.4.5 ニーズの把握 …………………………………………… 12
 1.4.6 福祉機器のための補助制度 …………………………… 14
章 末 問 題 ……………………………………………………………… 14

2. 視覚障害者用機器

2.1 視覚とその障害 …………………………………………………… 15
2.2 残存視覚機能活用を支援する機器 ……………………………… 17
2.3 視覚以外の感覚情報に変換する機器 …………………………… 19

2.4	視覚障害者の移動支援機器	24
2.5	Webページ作成における配慮	28
章末問題		29

3. 聴覚言語障害者用機器

3.1	聴覚とその障害	30
3.2	残存聴力活用を支援する機器	33
	3.2.1 補聴器	33
	3.2.2 電波や赤外線を利用して音声を明瞭に伝える補聴器	35
	3.2.3 人工内耳	37
	3.2.4 磁気ループシステム	38
	3.2.5 音声を加工する	39
	3.2.6 超音波補聴システム	40
3.3	聴覚以外の感覚情報に変換する機器	40
	3.3.1 視覚による情報提示	40
	3.3.2 文字多重放送	41
	3.3.3 パソコン要約筆記	43
	3.3.4 手話サービス	44
	3.3.5 振動による情報提示	44
3.4	発声の仕組みと音声の障害	44
3.5	発声を代行する機器	45
	3.5.1 人工喉頭	45
	3.5.2 発話代行機器	47
章末問題		47

4. 移動機器

4.1	歩行器	48
4.2	歩行補助杖	49

目次 vii

4.3 車　い　す……………………………………………………… 51
　4.3.1 車いすの種類………………………………………………… 51
　4.3.2 手動車いす…………………………………………………… 52
　4.3.3 電動車いすと電動スクーター……………………………… 57
　4.3.4 介助用車いす………………………………………………… 58
　4.3.5 車いす用クッション………………………………………… 58
4.4 移乗機器………………………………………………………… 60
　4.4.1 移乗機器とは………………………………………………… 60
　4.4.2 リ　フ　ト…………………………………………………… 61
　4.4.3 そのほかの移乗機器………………………………………… 64
　4.4.4 移乗機器の問題点…………………………………………… 65
4.5 福祉車両………………………………………………………… 66
章末問題……………………………………………………………… 68

5. コミュニケーション機器

5.1　AAC …………………………………………………………… 69
　5.1.1　AAC ………………………………………………………… 69
　5.1.2 意思伝達装置………………………………………………… 69
　5.1.3 絵文字を用いた意思伝達…………………………………… 72
5.2 コンピュータ入力装置………………………………………… 73
　5.2.1 アクセシビリティ指針……………………………………… 73
　5.2.2 通常のキーボードによる入力……………………………… 74
　5.2.3 代替キーボードとキーボードエミュレータ……………… 75
　5.2.4 ス　イ　ッ　チ……………………………………………… 76
　5.2.5 頭と眼の動きによる入力…………………………………… 78
　5.2.6 音声認識……………………………………………………… 80
　5.2.7 脳波による入力……………………………………………… 80
5.3 環境制御装置…………………………………………………… 81
章末問題……………………………………………………………… 83

6. 基本生活支援機器

6.1 ベッド …………………………………………………………… 84
6.2 いすと座位保持用具 …………………………………………… 86
6.3 排泄用具 ………………………………………………………… 89
   6.3.1 排泄障害に対処する用具 ………………………………… 89
   6.3.2 トイレへの移動や使用の問題に対処する用具 ………… 90
6.4 入浴用具 ………………………………………………………… 93
6.5 操作用具 ………………………………………………………… 96
   6.5.1 食事用具 …………………………………………………… 96
   6.5.2 炊事用具 …………………………………………………… 97
   6.5.3 更衣・整容用具 …………………………………………… 98
   6.5.4 リーチャーとそのほかの自助具 ………………………… 98
   6.5.5 ページめくり機 …………………………………………… 99
   6.5.6 ロボット …………………………………………………… 99
章末問題 ……………………………………………………………… 101

7. 義肢装具

7.1 総論 ……………………………………………………………… 102
   7.1.1 義肢装具とは ……………………………………………… 102
   7.1.2 制度と処方 ………………………………………………… 103
   7.1.3 規格化・標準化 …………………………………………… 103
7.2 義肢 ……………………………………………………………… 105
   7.2.1 義肢とは …………………………………………………… 105
   7.2.2 義手 ………………………………………………………… 106
   7.2.3 義足 ………………………………………………………… 109
7.3 装具 ……………………………………………………………… 112
   7.3.1 装具とは …………………………………………………… 112

7.3.2　上 肢 装 具 ………………………………………………… *113*
7.3.3　下 肢 装 具 ………………………………………………… *114*
7.3.4　体 幹 装 具 ………………………………………………… *115*
章 末 問 題 ………………………………………………………………… *116*

8.　建 築・交 通

8.1　バリアフリーの歴史 ………………………………………………… *117*
　8.1.1　バリアフリーの始まり ………………………………………… *117*
　8.1.2　バリアフリーの進展 …………………………………………… *118*
8.2　関 連 法 規 ………………………………………………………… *121*
　8.2.1　バリアフリー新法 ……………………………………………… *121*
　8.2.2　高齢者居住法 …………………………………………………… *121*
　8.2.3　介 護 保 険 法 …………………………………………………… *122*
　8.2.4　品　確　法 ……………………………………………………… *123*
8.3　海 外 の 状 況 ……………………………………………………… *123*
　8.3.1　北　　　　欧 …………………………………………………… *123*
　8.3.2　ア　ジ　ア ……………………………………………………… *124*
　8.3.3　アメリカ合衆国 ………………………………………………… *124*
8.4　公共・公益施設 ……………………………………………………… *126*
　8.4.1　設計の段階から利用者の参加を ……………………………… *126*
　8.4.2　アプローチの整備 ……………………………………………… *127*
　8.4.3　廊下，階段，エレベータの整備 ……………………………… *128*
　8.4.4　トイレの整備 …………………………………………………… *128*
　8.4.5　駐車場の整備 …………………………………………………… *129*
8.5　公 共 交 通 機 関 …………………………………………………… *130*
　8.5.1　利用者の視点を計画に反映 …………………………………… *130*
　8.5.2　電車，バス，LRT の整備 …………………………………… *130*
　8.5.3　駅 舎 の 整 備 …………………………………………………… *132*
　8.5.4　旅客機，船舶の整備 …………………………………………… *133*
8.6　道路・サイン ………………………………………………………… *134*

8.6.1　道　　　路 ·················· 134
　　8.6.2　サ　イ　ン ·················· 136
　章　末　問　題 ························ 138

9.　ユニバーサルデザイン

9.1　ユニバーサルデザインとは ················ 139
　9.1.1　多様性の理解 ··················· 139
　9.1.2　ユニバーサルデザインの7原則 ··········· 140
9.2　ADA とユニバーサルデザイン ·············· 143
　9.2.1　ADA 成　立 ··················· 143
　9.2.2　差別禁止のスマートな実現 ············· 143
9.3　製品のユニバーサルデザイン ··············· 144
　9.3.1　製造業界の取組み ················· 144
　9.3.2　ユニバーサルな製品づくりの課題 ·········· 145
　9.3.3　特殊解を一般解へ ················· 147
9.4　情報のユニバーサルデザイン ··············· 147
　9.4.1　情報アクセスの重要性 ··············· 147
　9.4.2　アクセシビリティの問題 ·············· 148
　9.4.3　Web アクセシビリティの検査とわかりやすい
　　　　　インタフェース ·················· 150
9.5　ユニバーサルな社会づくり ················ 151
　9.5.1　地方自治体の取組み ················ 151
　9.5.2　モノからサービスへ ················ 152
章　末　問　題 ·························· 153

引用・参考文献 ························ 154
索　　　引 ························· 158

福祉と福祉機器

1.1 福祉とその理念

1.1.1 福祉の対象

あなたには障害がありますか,という質問に対して大多数の方は,いいえと答えるだろう。しかし本当にそうだろうか。暗い部屋や映画館の中などではだれもがよく見えない状態を経験する。眼鏡やコンタクトレンズを使用している人は,それらを外したら途端によく見えなくなる。また,英語すら通じない外国に行ったら,いっていることはまったくわからず,こちらのいいたいことも伝わらない。どんなに元気な人でも重い荷物を持って階段を登るのは大変である。このように,一時的ではあるけれども障害を持っているのと同様に困る状況はだれにでも起こるのである。

福祉を辞書で調べると「幸せのこと」と書かれている。つまり,福祉というのは特定な人たちだけのために存在するのではなく,すべての人の幸せを考えなければならない。**福祉工学**も,高齢者や障害者だけが対象ではない。妊婦や小さい子供を連れた人,日本語のわからない外国人など,日常生活で不便を感じる人全員が対象である。本書でも高齢者と身体障害者を主たる対象者として説明しているが,それ以外の人たちも含めて考える必要がある。障害者専用エレベータや障害者専用トイレを作ることが福祉なのではない。

1.1.2 福祉理念と ICF

近年の**福祉理念**を最も端的に示しているものの一つが，WHO（国際保健機構）が 2001 年に作成した **ICF**（International Classification of Functioning, Disability and Health, **国際生活機能分類**）である．これは 1980 年に作成された **ICIDH**（International Classification of Impairments, Disabilities and Handicaps）を修正したものである．なお，ここでは**障害**といっても障害者だけを指しているのではなく，老化などによる機能低下も含めて考えられている．

ICIDH では，日本では「障害」という一つの言葉にまとめられている内容が，**機能障害**（impairments），**活動制限**（disabilities）および**参加制約**（handicaps）という三つの状態を含んでいることが明示された．例えば，事故などで足が切断されたということが構造障害を含む機能障害であり，その結果として歩くことができないということが活動制限である．それに基づいて就労や登校に問題が発生したとすると，それが参加制約になる．しかし，適切な社会福祉制度や機能回復訓練，工学的支援などがあれば，機能障害があっても活動制限にならず，また活動制限があっても参加制約をもたらさないようにすることができる．

このように 3 種類の「障害」を分けて考えることにより，どこに問題があるのかを明確にすることができる．この考え方によれば，福祉の役割とは，構造障害を含む機能障害があっても，活動制限や参加制約をもたらさないようにすることであるといえる．

これに対して ICF ではこの考え方にいくつかの修正が行われた．第 1 に，機能障害，活動制限および参加制約という否定的な意味合いの用語を使わずに，**心身機能・身体構造**（body functions and structures），**活動**（activities）および**参加**（participation）という肯定的な用語を使うようにしたことである．これは，「〜ができない」のように障害を否定的に見るのではなく，「〜ができる」というように肯定的に考えていくことが，幸せのためには重要であるという点を強調するためである．失ったり低下したりした機能を嘆くのではなく，残っている機能でなにができるかを考えて積極的に生きる道を模索していこうという現在の福祉の基本的な考え方を反映したものである．

第2に，**個人因子**および**環境因子**の影響を明示したことである。例えば大多数の人たちにとっては，手の小指の欠損は日常生活にほとんど影響を及ぼさない小さな障害である。しかし，ピアニストにとっては重大な障害である。このように同じ形態障害であっても個人によって影響はまったく異なる。同じように生活環境や友人・家族などの環境因子も大きく影響することが知られている。つまり，同じ障害を持つ人に対してまったく同じ福祉を行えばよいのではなく，その個人の特性や周囲の環境まで含めて考慮した上で適切な福祉を実施しなければならないことを示している。

本書で取り扱う工学的支援についても，上記の福祉理念を正確に理解した上でなされることが重要となる。特に工学者はついつい機能にだけ注目しがちであり，失われた機能の回復だけを目標にしてしまう傾向にある。しかし，そのようにして開発された福祉機器は多くの場合で，役に立たない。その理由は上記の福祉理念に合致しないからである。機能回復も大事ではあるが，機能だけにしか注目しないのではうまくいかない。

1.1.3 QOL と自立

食事，整容，更衣，排泄，入浴など日常生活において最低限必要な動作を **ADL**（activities of daily living，**日常生活動作**）と呼ぶ。ADL を自分でできることはたいへん大きな意味があるので，以前は ADL を福祉の指標の一つに挙げることが多かった。しかし，近年の福祉の代表的な指標には **QOL**（quality of life，生活の質）が使われる。簡単にいえば，QOL とはその人が幸せと感じているかどうかである。ADL も QOL に影響する重要な因子ではあるが，そのほかにも痛み，睡眠，住環境，家族，生きがい，宗教などさまざまな要因が影響する。

動作を評価する ADL は客観的な指標であるが，幸せを考える QOL は主観に大きく関係する指標である。なにを幸せと感じるか，なにが人生において重要と思うかは個人によってまったく異なる。例えば信仰心の篤い人では，どんなに便利な道具であっても，信じる宗教の禁忌を犯してまで使おうとは思わないだろう。しかし，ほかの人は喜んでその便利な道具を使うかもしれない。な

にを幸せと感じるのかは結局本人にしかわからない。

福祉の究極の目標は**自立**することである。自立とは，自らで判断し，自らが実施できることである。重度の認知症などで適切な判断が難しい人はともかく，自分で適切な判断ができる人は自分の幸せの基準に従って判断し，実行することによって幸福が得られるのである。**介護**では，介護者に遠慮したり，介護者が意向を聞かなかったり，介護者によって意向が無視されたりして，必ずしも本当に望むものが実現できないことも現実には多い。介護を受けている人の多くは幸せを感じず，我慢をしていることが多い。結局，理想的な福祉理念においては，介護はどうしても自立ができない人に対する副次的な手段でしかない。

どんな高機能な工学支援技術が実現したとしても，すべての人に適するわけではない。それによって機能が完全に回復するとしても，もしもそれを嫌う人がいたら強制してはならない。本書で取り扱う工学的支援は，人的支援などほかの支援方法と同じ選択肢の一つである。利用者が，それらの選択肢の中から，自分にとって最もQOL向上に役に立つと思うものを選ぶことが大切である。

1.2 高齢者と身体障害者の現状

1.2.1 高齢者の現状

65歳以上の人を**高齢者**と呼ぶ。WHOの定義によれば，全人口に占める高齢者の割合（**高齢化率**）が7％を超えた社会を**高齢化社会**（ageing society）と呼び，14％を超えた社会を**高齢社会**（aged society）と呼ぶ。2013年に高齢化率が25％を超えた日本は，世界でも高齢化率が最も高い国の一つであり，高齢社会から超高齢社会へと向かっている。特に日本は欧米諸国に比較して急速に高齢化している点に特徴があり，そのために社会に多くのひずみが生まれている。社会制度も人々の意識も急速な高齢化に対応できずにいる。そのため，経済の停滞，社会保障費負担の世代間格差などさまざまな問題が発生しており，今後はいっそう深刻化していくと考えられている。

とはいえ，高齢者に問題があるわけではない点には注意を要する。大多数の

高齢者は多少の問題を抱えているにしても元気であり，大がかりな福祉サービスを必要としているわけではない．高齢者の一部である，認知症や寝たきりなどの**要介護高齢者**が福祉の主たる対象である．高齢化が進むにつれて要介護高齢者が増加している点が問題なのである．しかも，75歳以上の後期高齢者の増加が著しいことから，高齢者の増加割合以上に要介護高齢者の増加割合は大きいと推定されている．

加齢に伴う機能低下を**老化**と呼ぶ．人間は年を取れば老化することは避けられない．しかし，身体の機能によって老化の割合は大きく異なる．例えば，筋肉では，ゆっくりしか動かない遅筋に比較して，速く動かすことができる速筋の筋力低下が著しい．知的能力では，記憶力や新しい環境への適応力は低下するが，判断能力は高齢者においてピークを迎えるといわれている．この老化の割合も個人差が大きく，ひとまとまりにして議論することは簡単ではない．

1.2.2 障害者の現状

身体障害者の国際的な定義はない．身体障害者の定義は，政府が補助・援助の対象者を決めるために定めており，各国で異なる．そのため各国間で障害者数を比較することは意味がない．日本では，本人が申請して認定基準を満たすことを医学的に確認した18歳以上の人に，身体障害者手帳が交付される．明確な障害があっても申請をしなければ，公的には身体障害者には含まれないし，18歳未満は身体障害児として扱われる．このあたりの事情は行政的なものである．日本の在宅の身体障害者数は2011年の統計で約390万人となっている．

身体障害は大きく，**肢体不自由**，**視覚障害**，**聴覚・言語障害**および**内部障害**の4種類に分類される．ただし内臓疾患である内部障害に対する工学的支援はできることが少ないので，本書ではほとんど扱わない．

視覚障害および聴覚・言語障害は，主として情報取得の障害である．それぞれ身体障害者の1割弱を占める．どのような情報取得に問題があるかで分類することができ，それに対応して機器が使われる．先天性の障害の場合には，情報取得の困難さによる発達や学習への影響が大きい点に注意を要する．

身体障害者の半数を占める肢体不自由は，四肢および体幹の麻痺や変形・切断を意味する。視覚障害や聴覚・言語障害に比較して，障害の部位や程度の違いによって使用される機器が大きく異なる傾向にある。特に上肢はさまざまな作業を担うが，そのすべてを工学的に支援することは技術的にも難しく，かつコストも高くなる。そのため肢体不自由者用では使用目的別の専用機器を使い分けることが多い。本書でも移動用など目的別に章立てをし，説明を行っている。

精神障害者も福祉の対象ではあるが，工学的支援でできることはほとんどない。**知的障害者**ではコミュニケーションの支援機器が使われるので，本書では肢体不自由者用コミュニケーション機器のところで併せて述べている。

1.2.3　障害者と高齢者の差異

工学的支援を考える場合，高齢者と身体障害者は共通する部分もあるが，異なる部分のほうが多い（表1.1）。一般論でいうと，身体障害者は一部の機能が低下ないし喪失しているが，そのほかの機能は問題ない。そのため，低下ないし喪失した機能を補うために残存機能を使える場合が多い。これを**機能代行**と呼ぶ。

表1.1　工学的支援を考える場合の高齢者と身体障害者の差異

	高齢者	身体障害者
身体機能	全身機能が低下	一部機能のみ欠落
新しい機器への適応能力	低下	大多数が問題なし
機器の使用訓練	したがらない	必要ならばする
機器を使った自立意欲	低い人が多い	高い人が多い

これに対して高齢者の場合では，程度の差はあるが全身のあらゆる機能がすべて低下する。つまり身体障害者のような機能代行は難しい人が多い。例を挙げると，手動車いすは下肢の機能を上肢で補う移動機器である。しかし下肢機能に問題のある高齢者の場合には，上肢の筋力も十分とはいえない人が大多数であるため，高齢者が手動車いすを使う場合，速い動きも細かな操作も長距離の移動もすべて難しい。また学習能力も適応能力も低下した高齢者には，取扱説明書を読んで理解しないと使えないような機器は使いこなすことが難しい。

これらの理由から，現在使用されている福祉機器の大多数は身体障害者用で

あり，高齢者用の機器はそれほど多くない．そこで本書でも主として身体障害者用福祉機器について説明し，各章の中で，高齢者にも使われる機器があれば個別に説明している．

1.3 福　祉　工　学

　福祉分野への工学的な支援技術は，**福祉工学**または**リハビリテーション工学**（または略して「リハ工学」）と呼ばれる．いずれもその指し示す内容に差はなく使用されている．英語では rehabilitation engineering という呼び方が一般的であることから，以前は「リハ工学」が使われることが多かった．しかし，「リハ工学」には身体障害者向けという語感を強く感じる人がおり，高齢者福祉が特に注目される現在では「福祉工学」が使われることが一般的に多い．assistive technology という呼び方を直訳して**支援工学**と呼ばれることもあるが，この英語は後述の福祉機器そのものを指すことのほうが多く，注意を要する．高齢者への工学支援に関しては gerontechnology という新しい用語が使われることが多い．これに対応する日本語は，老年工学とか加齢工学などと呼ばれることもあるが定着しておらず，ジェロンテクノロジーとそのまま呼ぶことが多い．

　福祉工学の目標は，**福祉機器**（assistive technology）の開発およびそのための基礎的技術の解明である．とはいえ，「工学」と呼べるほど体系だった学問にはなっていないのが現状である．福祉工学の基礎方程式とか，基礎理論のようなものはいまのところ確立していない．福祉機器の開発とは，機械工学，電気・電子工学，情報工学，建築学，医学などの知識の上に，経験とアイデアを組み合わせて行われている職人技に近い．いまのところ福祉工学を理解するためには，これらの基礎知識を学んだ上で経験を積むしかない．

　本書でも方程式などは使用せず，実際に使用されている福祉機器を紹介して，どこが重要なポイントなのかを解説している．車いすは，いすに車を付ければできあがるのではなく，多くのノウハウが詰め込まれてできている．場合によっては過去に市販化されたけれども結局使われなかった例を紹介して，なにが実

用を妨げたのかを解説しているところもある。これらを理解すれば，新しい福祉機器を開発する際にも，既存の福祉機器の中から対象者に最もふさわしい製品を選ぶ際にも，おおいに役立つだろうと思う。現状の福祉工学は，このような知識と経験の積み重ねで習得するしかない。

1.4 福 祉 機 器

1.4.1 福祉機器と規格

福祉機器は**薬事法**の対象ではない。つまり医療機器や薬とは異なり，新しい福祉機器の販売には認可等を必要とはしない。逆にいえば，福祉機器という名称でだれもが勝手に製造し販売できるのであるから，市場に粗悪な福祉機器が多数出回ってしまう可能性がある。

このような状況を防ぐためにも福祉機器の国際規格（**ISO**）が制定されつつあり，それが日本国内でも日本工業規格（JIS）として制定されつつある。とはいえ，福祉機器の機能を客観的に評価することは難しい。そのため，これらの規格の大多数は，福祉機器に必要な機械的強度とその評価方法などについて定めたものでしかない。

なお法律用語・行政用語としては福祉機器ではなく，**福祉用具**と呼ばれる。これはおむつなど機器とは呼びづらいものも含んでいるためではないかと思われるが，基本的には意味する内容に差はない。福祉機器のほうが一般的には普及しているので，本書では福祉機器を使うことにするが，どちらでも好きなほうを使えばよい。

1.4.2 海外と国内の福祉機器

福祉機器の規格が国際化されつつあるので，海外の福祉機器を輸入して国内で使用することは多くの場合で問題ない。特に北欧など福祉先進国から輸入されている福祉機器には，高価ではあるが細かい配慮が行き届いた優れた製品も多い。ただし，海外の機器がそのまま日本国内でも有効に使えるとは限らない

点には注意が必要である。

　福祉は，生活のありとあらゆるサポートをする必要があり，人の**生活様式**はその人の属する文化に強く影響されている。生活様式を大きく変える方法での福祉は，その人のQOLを低下させる可能性がある。つまり，欧米で開発された福祉機器は，欧米の生活文化から生まれたものであり，これをそのまま日本に導入できるとは限らないのである。その上，欧米人と日本人との体格の差や家屋サイズの差も問題になることがある。

　例えば，昔から畳で生活していた日本に比べて，いす生活の欧米のほうが，座りやすさへの配慮が行き届いている車いすが多い。しかし，サイズが大きすぎて典型的な日本家屋の廊下では通行できない欧米製車いすもある。逆に，入浴用品では，欧米に比べて日本のほうが優れているものが多い。シャワー浴が中心で毎日入浴する習慣のない欧米に対して，高温多湿の夏と寒い冬のある日本では，毎日肩まで風呂に浸る習慣があるためである。和式トイレに比べて洋式のほうが楽だからという理由だけで改造をすると，和式に慣れた高齢者が困るケースもよく見られる。このように海外と日本のそれぞれの良さを組み合わせて，使用者の好みに合わせてうまく利用することが望ましい。

　このことは逆に，国内で開発された福祉機器を輸出する際にもいえることである。比較的文化の近い東アジアへ輸出する場合にはあまり問題のない場合も多いが，欧米へ輸出する場合には，機能面だけではなく，文化や宗教まで検討しないと失敗する可能性がある点には注意を要する。

1.4.3　福祉機器の選択と製品情報

　福祉機器を選ぶ場合には，その使用者の残存能力や特性だけではなく，環境や使用目的などをも考慮した上で，市販の福祉機器の中から最適なものを選択しなければならない。しかし実際の使用状況では，最適なものを選べていないケースがほとんどである。

　現実には，福祉機器の特性の違いを理解せずに，どれでも変わりがないと使用者自身や家族が買っているケースは多い。例えば補聴器はその使用者に合わ

せて調整して使う必要があるが，敬老の日に調整もせずにプレゼントして結局使えなかったという例は非常に多い．介護用品店へ行っても，実際に見られる製品は数種類しかない店が大多数である．その中から選んでしまう人もいるが，実際にはその店に置いていない製品が最適だったかもしれない．

またケアマネージャーや病院の理学療法士・作業療法士などに薦められた福祉機器を選ぶ人も多い．使用者からすれば専門家として信用しているのだろうが，これらの職種の人たちの本職は別にあり，福祉機器について詳しい人もなかにはいるが，ほとんど知識を持っていない人も多いのが実状である．福祉機器の話はこれらの専門職の養成過程で聞くことはあるが，十分な知識を持たなくても資格が取れるからである．

適切に福祉機器を選ぶことが難しい理由の一つは，機能だけで選んではならない上に，その機能を客観的に評価することすらもできていないためである．例えば車いすを例に挙げると，直進性の優れた車いすと旋回性の優れた車いす，安定性に優れているがその分操作性が劣る車いすと，やや不安定だけれども操作性の良い車いすがある．しかしカタログにはなにも書かれていない．適切にまた客観的に評価する方法がないからである．実際に使ってみればわかるし，そうでなくても専門家はある程度判断できるが，ほとんどの人はカタログからでは読み取れないだろう．

インターネットでも市販製品を調べることができる．例えば**財団法人テクノエイド協会**の作成しているデータベースなどを使えば，多くの市販福祉機器を見つけることができる．しかし，インターネットで調べられるデータは基本的なデータばかりであり，どの商品が優れていてどの商品が劣悪なのかを判断することは難しい．

この理由を，靴に例えて説明しよう．同じサイズの靴であってもメーカによって微妙に長さも違うし，幅や高さ，つま先の形などもさまざまである．サイズだけで決めず，試しに履いてみて歩いてみないと足に本当に合っているかどうかはわからない．福祉機器も同じで，実際に使ってみないとその違いはなかなかわからない．そして合わない靴を履いていると足が痛み，場合によっては変

形など足の障害をもたらすのと同様に，適切でない福祉機器を使うと多くの問題が発生する。本当に使いやすい機器は，使えば使うほどその細かな配慮がわかってくるものである。それは写真やデータからではなかなか見えてこない。

個々の福祉機器を理解する最良の方法は，それを実際に体験してみることである。靴を足に履いてみるだけではなく，少し歩いて試してみるほうが合うかどうかがよくわかるのと同様に，できれば短い時間ではなく一定以上の長い時間試してみることが望ましい。1時間程度使ってみると短時間ではわからない良さや欠点がわかってくることがある。本書を読めば福祉機器の知識を増やすことができるが，実際に体験しなければ正しく理解してもらえない点も多いと思う。本書で勉強した後にぜひ福祉機器を実際に体験して欲しい。

福祉機器を体験する最良の方法は，福祉機器の展示会に行くことである。特に毎年秋に東京で行われる**国際福祉機器展**（HCR）は日本最大の**展示会**であり，新しい福祉機器を見て体験するために全国から多くの人たちが集まってくる。流通している福祉機器の大半の業者が出展しているため，多数の機器を体験し，比較することができるだけでなく，各種セミナーも開催される。またHCRより規模は小さいが，各地でも同様の展示会が行われている。

各都道府県や政令指定都市の**介護実習・普及センター**には各種福祉機器を常設展示しているところが多いが，地域によって展示の規模が大きく異なる。介護用品店の多くは，一般に扱っている福祉機器の種類が少ないので体験するには十分ではない。

1.4.4　オーダーメイドとレディメイド

福祉機器の大多数は個人対応が求められる。完全な個人対応をするためには1点1点**オーダーメイド**になるが，それでは製作に時間がかかってしまうし，価格も高くなってしまう。元滋賀県立福祉用具センター所長の小嶋寿一氏によれば，レディメイドの市販品ではどうしても対応できずにオーダーメイドで作らざるを得ない人が5％程度いるという。

レディメイドにしても，多様な人たちに対応するためには多種類の製品を生

産する必要がある．車いすを例に取ると，さまざまな部分のサイズを指定し，またオプション部品を取り付けたりすると，1社の取り扱う車いすの種類は数千～数万種類にまでなる．機器が多種類になればなるほど，1種類当りの生産数が少なくなり，生産コストが上がる．また，多品種を用意しておかなければならないとすると，保管や販売スペースも広くなり，コストが高くなる．

これを避けるために，共通化した部品を組み合わせたり，調整ができるようにしたりする方法も採用されている．調整ができれば，体調が変化しても同じ機器を調整し直して使える可能性も出てくるほか，使い終わった後に他者が同じ製品をリユースできるなど，コスト以外の利点もある．ただし，きちんと理解した人が適切に調整することが前提となる．

市販製品に適当なものがない場合には，オーダーメイド以外に市販の福祉機器を改造する方法もよく行われる．ただし**介護保険法**や**障害者自立支援法**では，福祉機器はレンタルすることになっており，この制度の下では改造はできない．自費で買って改造するか，合わない製品を我慢して使うかしかない．

現実には，オーダーメイドや改造などでは入手できるまでに数か月から1年もの時間がかかる場合も多い．レディメイドでも多くの調整を要する機器では数か月を要することも多い．そのためこれらを入手できたときには，すでに使用者の体調が変化して使えなくなっていたというケースもよくある．短い期間に体調が変化する可能性が高い場合には，必ずしもその人に適合していなくても，容易に入手できる製品を使うことも選択肢に入れるべきである．

1.4.5 ニーズの把握

1.1節で述べたように，福祉の目的は失われた機能の回復ではなく，QOLの向上である．このQOL向上のために福祉の対象者が望む具体的な内容を，ニーズと呼ぶ．つまりニーズとは実現したい機能のみを意味するのではなく，価格や使いやすさ，**尊厳**などの付帯する諸条件をすべて含んでいる．福祉機器や福祉サービスは，ニーズに合致したものを選ぶことが求められる．

しかし，実際にはそれぞれの高齢者や障害者にどのようなニーズがあるかを

知ることは簡単ではない。高齢者や障害者に尋ねればわかるだろうと思うかもしれないが，それだけでニーズがわかるわけではない。例えば，本質的に必要不可欠なニーズと，できるならばあったほうがいい程度の要望とを，区別して話すことのできる人は滅多にいない。それを混同してしまうと，適切な福祉機器を選択することはできない。また，より優れた機器の存在を知らずに，粗悪な機器で満足している使用者も多い。試しに優れた機器を使ってもらうと，いつも使用している機器が粗悪であったことに初めて気が付く。このような人の話をただ聞いているだけでは，ニーズをきちんと把握することはできない。

福祉機器を新しく開発する際には，実際に試す機器が存在しないため，ニーズの把握はよりいっそう困難になる。そのため，ニーズの把握に失敗して，開発されたけれどもまったく使ってもらえなかった機器も多数存在する。特に，若くて健康な人たちが，使用者の意見を十分に聞かずに開発した場合には，ほとんどが役に立たない。近年は必ずしもそうでもないが，以前は実際によく使われている福祉機器の大多数は，使用者の家族や関係者によって開発されたものであった。家族のように親しい関係にあれば，試用した際に良い点も悪い点も本音を詳しく聞くことができるのに対して，他人が話を短時間聞いただけではなかなか実際のニーズを聞き取ることが難しいからである。そのため，福祉に従事する専門家として必要な能力とは，使用者のニーズの本音の部分を聞き取

―― コーヒーブレイク ――

英語の **welfare** という語は，「配って施す福祉」というニュアンスを持っており，現在の自立中心の福祉理念とは異なり，「福祉施策」という訳が最も近い。そのためにこの語は社会学分野では使われるが，福祉工学分野で使われることはなく，welfare engineering という言葉は欧米にはない。日本語の「福祉」にぴったり合う英単語はなく，その意味する内容によって使い分けることが望ましい。**rehabilitation** は「障害者福祉」であり，障害からの全人間的復権のための活動を意味する。**healthcare** は「専門的なスタッフによる健康維持ないし促進」であり，医療の側面がやや強調されている。**well-being** は「健康で幸福である状態」という意味で，高齢者福祉のニュアンスがやや強い。いずれも「福祉」の訳語になりうる。

るコミュニケーション能力，および自分とは異なる環境・状況における他者のニーズの本質を理解する柔軟な思考能力であるといっても過言ではないだろう。

1.4.6 福祉機器のための補助制度

福祉機器は本質的に高価になるので，必要な人が福祉機器を実際に入手する際には，国や地方自治体が定めた制度に基づいて条件に応じて全額補助・一部補助がなされる。福祉機器選択の実務上は，これらの制度を熟知している必要がある。高価で高機能な機器か安価な機器かという選択は，この制度によって大きく影響を受けるからである。

全額補助が出る場合には，使用者も価格をあまり気にせずに選ぶことが多いため，福祉機器の価格は，この制度で使える上限金額を考慮して決められていることが多い。つまり福祉機器の多くには市場原理が通用しない。たくさん売れているものが安くなるとは限らず，安ければたくさん使われるとも限らない。

しかし，本書ではこの補助制度に関しては基本的には触れない。介護保険法など，国の制度が数年おきに変わってすぐに古くなること，地方自治体ごとにも別の制度があることから，本書に書き記すことが難しいためである。しかも，各地域の窓口で，利用者の実情に合わせて制度を柔軟に運用しているところと，厳密に運用しているところがある。これらの知識が実際に必要となる場合には，利用する地域で個別に調べて欲しい。

章 末 問 題

【1】 親族や近所の高齢者らに話を聞き，または周囲で見かけた高齢者・障害者の様子を観察して，どういう点に困っているかを調べよ。

【2】 周囲の困っている人をできる範囲内でいいから助けるように心がけてみよ。例えば，電車やバスで高齢者や障害者・けがをしている人，幼児を連れたお母さんらに席を譲るように心がけてみよ。

【3】 哲学，社会福祉学，心理学，人類学，倫理学などの入門書を読み，人間とロボットの違いや人間の尊厳および幸福について考えよ。

2 視覚障害者用機器

2.1 視覚とその障害

　視覚は，われわれが体の外から受ける刺激を情報として大脳に伝えるセンサの一つである．視覚が受け取る物理的な刺激とは「光」であるが，このセンサが反応するのは一定条件の範囲にある強さと波長を持つ光であり，これを可視光という．人間が認識できる光の波長は 400〜700 nm（$1\,\text{nm} = 10^{-9}\,\text{m}$）とされ，その波長の違いは色として認識される．ちなみに，波長が長いと「赤」，短いと「青紫」に見える．さらに，赤より波長が長く可視光でない光を赤外線，青紫より波長が短い光を紫外線と呼んでいる．また，人間が感じる最も弱い光の強さは $0.3 \times 10^{-6}\,\text{cd/m}^2$ とされ，視覚は，そのおよそ 1 兆倍（10^{12} 倍）の強さまでの光を感じることができる．ただし，その感度は波長によって異なっており，最も感度が良いのは 500 nm 付近（緑色）である．

　視覚の末梢である眼球は直径約 24 mm の球体であり，内部はゼリー状の透明な液体（硝子体）で満たされている．外部からの刺激である光は角膜，水晶体，硝子体を通過して網膜に達する．網膜上には，光の強さのみに反応し，色には反応しない杆体（桿体）と，色に反応する錐体と呼ばれる視細胞が分布している．前者は感度は良いが色は判別できず，後者は感度は悪いが色を判別できる細胞である．周囲が暗くなるとモノクロ画面のように見えるのは，錐体が活動しなくなるためである．

　外界からの情報は，まず網膜上で刺激の程度（光の強さと波長）に従った一

定の処理(情報圧縮)を受けた後,視神経を通して視覚中枢(大脳)に伝えられる。この情報は大脳側でまず後頭葉後部(第1次視覚野)に到達し,情報処理の後に映像として認識される。さらに,それらの情報をつぎの段階の情報処理へとつないでいくのであるが,形状,動き,空間内の位置などを認識するための処理は並列的に行われているといわれている。

人間の体にあるさまざまなセンサによって,外部からの刺激が情報として大脳に伝えられるのであるが,その情報量の85 %が視覚によるといわれている。この事実からも,視覚になんらかの障害があると必要な情報の多くが遮断され,日常生活にさまざまな問題が起こるであろうことは容易に想像できる。

一般に視機能は**視力**,**視野**,**光覚**,**色覚**,**両眼視機能**(**立体視**)に分けて評価されるのであるが,なかでも視力は,学校での身体検査や自動車運転免許取得および更新の際に測定されることもあって,最もよく知られている。

視力は,**図 2.1**に示したランドルト環の切れ目の位置を,5 m 離れて確認できる場合に「1.0」であると定義されている。視力をはじめ,視野や色覚なども含めた視機能低下の程度によって生活上の不便さが推測され,一定の視覚機能条件の基に,**視覚障害者**の障害程度に応じた支援内容が決められている。

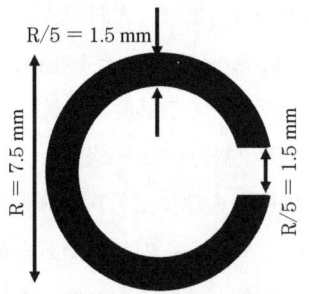

図 2.1　ランドルト環

視覚障害者とは身体障害者福祉法によって定義されており,その程度によって等級が定められている。法律における障害程度の基本となるのは視力と視野で,矯正後の測定結果によって**表 2.1**のように 6 級から 1 級までに区分されている。また,重度の視覚障害の状態は**全盲**,光覚弁,手動弁,指数弁に分けられ,全盲,光覚弁,手動弁は視力 0(失明),指数弁は 50 cm 以下の距離におい

表 2.1 視覚障害の障害等級（身体障害者福祉法施行規則，身体障害者等級表から抜粋）

等級	障害の程度（視力に関する条件のみ）
1 級	両眼視力の和が 0.01 以下
2 級	両眼視力の和が 0.02 以上 0.04 以下
3 級	両眼視力の和が 0.05 以上 0.08 以下
4 級	両眼視力の和が 0.09 以上 0.12 以下
5 級	両眼視力の和が 0.13 以上 0.2 以下
6 級	1 眼の視力が 0.02 以下，他眼の視力が 0.6 以下の者で，両眼の視力の和が 0.2 を超える者

て視力 0.01 相当とされる．全盲は視覚をまったく使用できない，光覚弁は光の明暗程度がぼんやりわかる，手動弁は目のすぐ前で手を振る動きがわかる，指数弁は目のすぐ前に示された指の本数がわかる状態をいう．

視覚障害の原因として最も多いのは糖尿病であり，比較的高い年齢で発病するため，視覚に頼らない生活環境に慣れるまでにかなりの期間を要する．この糖尿病は，さまざまな病気を併発する病気であり，視覚の障害もその一つである．そして，食事や服薬などで血糖値をコントロールしないと失明に至ることも多い．

厚生労働省の調査によれば，視覚障害者の数はおよそ 30 万人とされているが，視覚の障害といっても，その時期や程度によって支援する方法が大きく異なる．基本的には，視覚能力が低下している場合（ロービジョン）には視覚を支援する機器が，視覚がまったく使えない場合（全盲）にはほかの感覚（聴覚や振動覚）によって情報を伝達する機器が使われる．

2.2 残存視覚機能活用を支援する機器

視力の低下や視野の部分的な欠如などによって，十分な情報が得られない場合，表示や配置を工夫することでより多くの視覚情報を提供することを考える．近視や加齢に伴う老眼において小さな文字を読み取ることが困難であるときには，単純ではあるが，文字を大きくするという手法がたいへん有効である．多く

はルーペで拡大する程度で解決するが，視覚障害者の場合にはさらに拡大することが求められる．その程度により，倍率の大きなルーペや**拡大読書器**（closed circuit television, CCTV）が使用される．後者はテレビカメラとテレビ画面を組み合わせたもので，多くは読み取る文書をスムーズに移動できるスライドベッドを持ち，その上方にビデオカメラが取り付けられている．

拡大率は新聞の本文1文字を画面全体に表示できる程度まで可能で，同時に背景と文字のコントラストや色の組合せも，利用者個人の視覚の状態に合わせて最適な条件が設定可能となっている．しかしながら，機器自体が大きく重いために持ち運びは難しい．そのため，**点字図書館**などには共同で利用可能な拡大読書器が設置されている．小形化された機器も開発されており，その基本は，ゴーグル形ディスプレイと手持ちの小形カメラを組み合わせたものである．

視覚障害者がパソコンを利用する場合にも文字の大きさや表示色の変更が有効な場合が多い．WindowsやMac OSなどのOS（operating system）は，機能として文字の大きさや色，背景色などをさまざまに変更可能となっている．一般ユーザから見ると，これらの機能は個人的趣味の範疇として考えられているが，ロービジョン者にとっては最適な表示環境を実現するためのたいへん重要な設定変更機能である．

さらに，視野が狭いために画面全体を同時に見ることができない人もいる．パソコン操作の多くをマウスによって行うシステムではマウスカーソルの画面上での位置が重要であるが，動きが速いと見失ってしまうことがある．システムの設定ではマウスカーソルのサイズや形状の変更も可能であり，特に視野が狭いことでマウスカーソルの追従が難しい場合などには有効である．

Windowsに標準的に含まれているソフトウェアに，画面の一部を簡易的に拡大して表示する**拡大鏡**というものがある．このソフトウェアは拡大読書器のパソコン版ともいえるもので，高コントラスト設定も可能となっており，システムの画面設定よりも比較的簡単に利用できる．同様の機能を備えたソフトウェアはMac OSにも付属しており，OSのバージョンによって異なるものの，ロービジョン者を支援する姿勢に変わりはない．

最近では，パソコンをインターネットに接続してさまざまな Web ページからの情報入手やショッピングなどが一般的になってきた。しかし，日本工業規格（JIS X 8341-3）からガイドラインが公表されているにもかかわらず，ロービジョン者や高齢者にとって見にくいホームページも多いのが現状である。

そのような現状を解決する 1 手段として，文字拡大や音声読上げ機能をパソコン側に持たせるソフトウェア（Easy Web Browsing : copyright by IBM）が，自動的に必要なプログラムをインストールして Web ページアクセスを支援するものがある。これは，アクセス対象となる URL の範囲を指定して，アクセス規模に応じてメーカが Web 管理者に有償でソフトウェアを提供するものである。メーカと契約している Web ページにアクセスしたユーザは，無償でソフトウェアをダウンロード，自分のパソコンにインストールできる。このソフトウェアを起動すると，指定範囲内の Web ページで文字拡大，文字・背景色変更，読上げが簡単に実現できる。公的機関が公開しているホームページを中心に，この機能の利用が増えてきた。

2.3 視覚以外の感覚情報に変換する機器

視覚機能の活用が難しい場合には，映像情報をほかの感覚情報に置き換えて提供することになる。聴覚，触覚，嗅覚，味覚といった感覚の中で，嗅覚と味覚は反応速度が遅いこともあって，高速で情報を伝達するには不向きである。そこで，多くは聴覚あるいは触覚を刺激することで情報を伝達することになる。

点字は，視覚障害者が利用する文字として広く知られており，印刷された文字（**墨字**）をコード化して触覚情報に変換したものである。点字は基本的に 6 個の点の組合せによって仮名や数字，アルファベットなどを表記するものである。手で点字を打つ場合は，点字器という道具を使用して厚手の紙に点字のパターンを打つのであるが，読むときには凸側を指でなぞることになり，パターンが裏返しとなることを頭に入れておかなくてはいけない。

すべての視覚障害者が点字を利用できるように思われているが，実際に点字

を使える視覚障害者は10％以下であるといわれている。後天性全盲者の多くは，新たに点字を覚えることが難しく，音声による情報提供に頼ることが多いのが現状である。

　点字と同様に触覚刺激を利用したもので，印刷された文字などの形状をピンの振動によって読み取る**オプタコン**という機器も開発された。印刷面を小形ビデオカメラで撮影し，印刷されている部分に相当するピン（10 mm × 20 mm 程度の面に6列24本が配置されている）を振動させることで，あたかも指でその形状をなぞるようにして文字を認識させるものである。一定の訓練を受ければアルファベット程度の単純な文字を区別することは可能であるが，漢字のように複雑な文字を認識するのはたいへん難しく，現在では使われていない。

　OSにMS-DOSが使われていた頃から多くの視覚障害者がパソコンを活用してきた。これは，パソコンが個人でも購入可能な価格（当時の価格で1式数十万円程度）になったこと，辞書などの書籍が電子媒体（CD-ROMなど）で提供されるようになったこと，そしてテキスト音声合成装置あるいは音声読上げソフトウェアが提供されるようになったことがそのおもな理由である。

　これまで，書籍などを読むためには**対面朗読**（希望する書籍などをボランティアが対面で読んでくれるサービス）の利用，**朗読テープ**（希望の多い書籍をボランティアが朗読したものを録音したテープ）や**点訳書籍**（希望の多い書籍をボランティアが点訳したもの）を点字図書館などで借りるという方法がおもな手段であった。しかしながら，自分の好きなときに必要な書籍を読むというわけにはいかず，提供できる情報が少ない上に時間がかかってしまう。さらに，点訳書籍は広いスペースを必要とし，高価なものである。**図2.2**はコンサイス英和辞典の点字本と墨字本（通常版，大文字版）の写真である。本来は手軽に持ち歩けるはずの本が100冊近い百科事典サイズになってしまうのである。

　そのような中，自由に読みたいという視覚障害者の希望を叶えたのがパソコンと**テキスト音声合成装置**（図2.3）である。これらはテキスト音声合成技術の進歩によって実現されたものであるが，この簡単な内部構成を**図2.4**に示した。

　その後OSは，一般の人にもパソコンを使いやすくするという目的でWindows

2.3 視覚以外の感覚情報に変換する機器

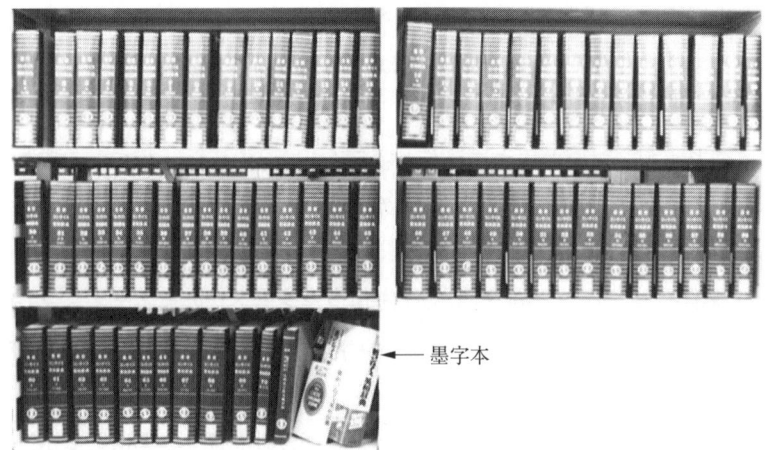

図 **2.2** コンサイス英和辞典の点字本と墨字本（最下段右端が通常版と大文字版）

図 **2.3** テキスト音声合成装置

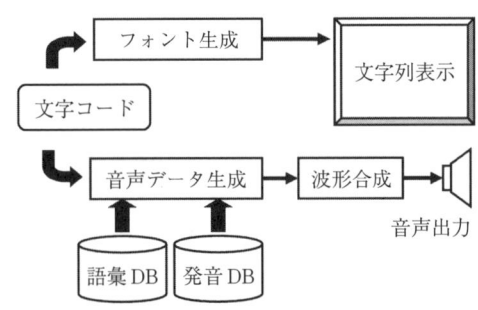

図 **2.4** テキスト音声合成装置の内部構成

や Mac OS などの GUI (graphical user interface) が主流となり，視覚障害者にとってはかえって使いにくいものとなってしまった．さらに，多くの**音声読上げ**ソフトウェアが GUI に対応できていなかったこともあって，新しいソフトウェアが提供されるまで多くの視覚障害者が MS-DOS を使い続けざるを得ない状況であった．現在ではパソコンの処理速度が速くなり，以前のような外部装置を必要とせずソフトウェアとサウンドボードだけで音声読上げを実現できている．さらに電子化されていない文書についても，スキャナと文字認識ソフトウェアを追加することで，読むことが可能になった．

2. 視覚障害者用機器

これら音声による情報提示と同時に，情報を触覚でとらえる点字表示が可能な周辺機器も提供されている．この装置は，20～40桁の点字をパソコンの指示によって表示するもので，点字の凸に相当するピンが通常の点字と同様に並んでいる．これらのピンをわずかに持ち上げることで凸を表し，指でなぞることで読み取るのである．点字が使える視覚障害者にとってはたいへん有効な機器ではあるが，高価であるために個人で購入するには負担が大きいといえる．最近では，有機半導体とイオン導電性高分子を用いたシート状の**点字ディスプレイ装置**が開発されており，小形軽量で安価な点字表示装置が実現する可能性がある．

パソコン画面の読取りだけではなく，見えない状態でのキー操作も大変である．マウス操作が難しいため，ほとんどをキー入力で行うことになるが，通常のキー入力で対応している人と，点字タイプライタと同様のキー配置を SDF および JKL キーに割り当てて 6 点点字入力（図 **2.5**）で対応している人がいる．

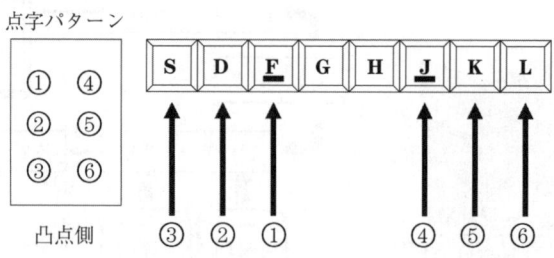

図 **2.5** 点字パターンと 6 点点字入力時の使用キー配列

さまざまな理由によって通常の状態ではパソコンへのアクセスが難しい使用者を対象とした各種の設定変更機能が，OS レベルでも用意されている．Windowsのメーカである Microsoft 社の場合，視覚障害者を意識した機能としては，Num Lock や Caps Lock などが設定あるいは解除されると音で通知するもの，マウスを使用せずキーのみ（Ctrl+C ⇒ コピー，Ctrl+V ⇒ ペースト など）でシステムの操作ができる，文字拡大ソフトウェア（拡大鏡：前述）の標準添付などのように考慮されている．これらの付属機能やソフトウェアの背景には，米国において **ADA**（Americans with Disabilities Act of 1990）に基づいたリハビリテーション法などで障害者などのアクセスに対する配慮が義務付けられて

いるという事情がある。

　通常の印刷物を点字で同時に発行するためには多くの費用と時間を必要とする上，現実には点字を読むことができる視覚障害者のほうが少ないという状況をふまえ，**SP コード**といわれるものが開発された．SP コードとは，民間企業が開発した 2 次元バーコード様の文字情報記録方法で，1 辺 18 mm の 2 次元シンボル（図 2.6）に日本語 800 文字分の情報を格納，このシンボルを専用の装置で音声読上げできるようにしたシステムである．現在では自治体など公共機関が発行する各種広報を中心に，多くの印刷物に使用されている．また，通常の文字列から 2 次元シンボルへの変換ソフトウェアは，本システム開発メーカより無償で提供されており，読取り装置は重度障害児・者用日常生活用具として一部自己負担で入手可能となっている．

図 2.6　SP コードの例

　日常生活で使用する多くの道具類でも，音声表示をすることで視覚障害者に対応しているものがある．腕時計や置時計，体重計や体温計，調理用計量器などは，音声で読み上げるものが多数市販されており，**日常生活用具の給付**（一部自己負担）対象物品として認められている．さらに，触っただけでは区別の付かないものに 500 円硬貨サイズの RFID（radio frequency identification）タグをつけて，その内容を事前にタグ読取り装置に音声で記憶させるシステムも開発されている．缶詰や薬，衣料品など形状だけでは対象物品の内容や色などが判断できない場合に有効な機器として市販されている．

　また，最近では**携帯電話**を活用する視覚障害者も増えている．緊急連絡用としての活用もあるが，メールや電話帳などを音声読上げする機能を内蔵した機種は，画面表示を見ることができない視覚障害者にとって有効な機能として利用されている．この音声読上げ機能は，視覚障害者の利用を想定したものでは

ないとのことであるが，このように一般用に付加された機能が予想外に活用され，障害者にとって有用である場合も少なくない。

視覚障害者が自宅の鍵をどこに置いたのか忘れてしまったときなどに，それらを探す手伝いをする機器もある。これは，事前に受信機を鍵に取り付けておき，携帯発信機からの電波を受信すると音を発して自らの場所を知らせるものであり，列車や航空機内で自分の席に戻る際に，受信機を席に置いておき場所を確認するといった利用方法もある。この機器も必ずしも視覚障害者専用というわけではなく，一般用の便利機器として市販されているものである。

先に説明したように，書籍を読み上げて録音したカセットテープ（録音図書）は従来から使われてきたが，現在では音質が良くて扱いやすいメディアとしてCDを利用する**DAISY**（digital audiobased information system）が普及している。これは12か国が加盟するDAISYコンソーシアムによって開発されたディジタル録音図書である。これまでのカセットテープでは，1本当りの録音時間は片面60分が限界であったが，DAISYは，MP3で圧縮処理された音声をCD-ROMに書き込む方式であるため，1枚におよそ50時間程度の録音が可能となっている。これにより，音源の編集やメディアの複製が容易となり，複数の点字図書館が相互補完的に録音図書を作成することで，同時に多数の利用者に提供できるようになった。

さらに，一般家庭でブロードバンド接続，インターネットアクセスが普及してきたこともあって，視覚障害者を対象として，最新の出版物や新聞記事などをテキスト情報としてWeb上で無料で公開することも行われている。インターネット経由で入手したこれらのテキストデータを個人のパソコンと音声合成ソフトウェアを利用して読む（聞く）ことができるようになり，情報入手の遅れがかなり改善されている。

2.4　視覚障害者の移動支援機器

視覚障害者誘導用ブロック（点字ブロック）は1965年に三宅精一氏によっ

て考案されたもので，位置や危険箇所表示用の**点状ブロック**と誘導用の**棒状ブロック**がある（**図 2.7**）。日本国内ではさまざまな場所に設置されているが，国外で見かけることは少ない。一時は，その形状がさまざまであったが，2001年に日本工業規格（JIS T 9251）で突起の形状，寸法，配列などが規定されたため，しだいに統一されるようになった。

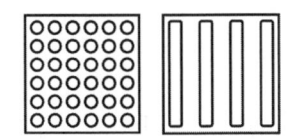

図 2.7 視覚障害者誘導用ブロック
（点字ブロック 左：点状，右：棒状）

しかし，JIS では点字ブロックの色は原則として黄色であるとしている一方で，周囲の環境に合わせて変更されることが多々ある。これにより，点字ブロックを誘導マーカとして活用しているロービジョン者にとっては利用しにくいものとなり，コントラストの高い配色にするよう配慮する必要がある。視覚障害者にとっては有効な点字ブロックではあるが，車いす利用者にとっては通行の障害となる場合もある。両者の共存を図るため，配置については十分な配慮を要するものである。

視覚障害者が屋外を歩行する際に使用する白杖はよく知られているが，同様の，進行方向の障害物を検出する機能を超音波距離計と同様の技術で実現したものがある。これは**モワットセンサ**といわれるもので，利用者は手に持って前下方向に向けて左右になぞるように動かしながら歩くのである。反射してきた超音波から対象物までの距離を算出し，その距離に応じて振動周波数を変えることで使用者に障害物の存在を教える。たいへん有効な機器ではあるが，実際に屋外で利用するには十分な訓練が必須であり，多くは白杖と併せて用いられている（**図 2.8**）。

RFID タグを利用した屋外での**視覚障害者誘導システム**の大規模な実用化実験（自律移動支援プロジェクト）が，2004 年度から 2005 年度にかけて，国土交通省が中心となって神戸などで実施された。これは，視覚障害者をはじめ，車いす利用者，高齢者，外国人旅行者などを含むすべての人が，移動に必要な情

図 2.8 モワットセンサと白杖を持って歩行する視覚障害者の手元

報をどこでも入手できる環境を作ることを目的として，ICタグ（RFIDタグ）を点字ブロックや案内掲示板など必要な場所に取り付け，「移動経路」「現在地」「目的地」などの情報を適切に提供しようとするものである．これらのインフラ整備に加え，専用の携帯端末を持ち歩くことで，自身の現在位置，目的地の方向や距離などが適切に案内され，初めて訪れる場所でも自力でたどり着くことができるようになるというシステムである．

これらの情報はICタグ自身に記録されているのではなく，タグの番号と場所，情報内容を管理するサーバコンピュータから必要に応じて携帯端末にデータがダウンロードされ，つねに最新の情報が提供できるように考えられている．2006年度以降は，神戸空港をはじめ各地で実用化が開始されている．

さらに，屋内外で視覚障害者への情報提供を目的とした機器の開発，設置も行われている．図2.9のトーキングサインは，**音声歩行案内システム**といわれるもので，各所に設置されている赤外線発信機と視覚障害者が携帯する赤外線受信機からなる．受信機が送信機から照射される赤外線の範囲に入ると音声案内が明瞭(りょう)に聞こえる仕組みである．しかし，一定間隔で設置されている送信機による歩行誘導となるため，事前に目的地までの地図を知っている必要があり，かりに間違った方向に向かってもなんの指示もされない．また，情報は一方的であり，ユーザを問わず同一のものが提供される．

これに対し，**アクティブポスター**と呼ばれる，インターネットに接続された表示装置，音声出力装置および短距離送受信機からなるアクティブ電子広告板の

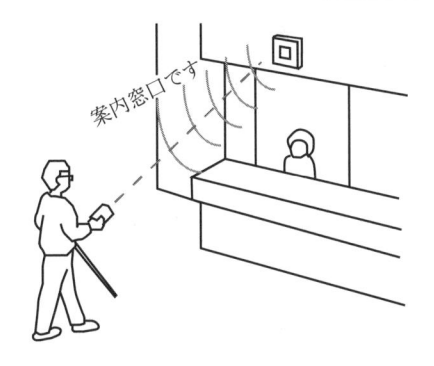

図 2.9 トーキングサイン

視覚障害者の誘導への利用も開発されている．短距離通信機能を持つ携帯電話などは，アクティブポスターに近づくと，あらかじめ登録されている個人の属性に応じた情報が適切に選択されて提供される機能を持っている．これを利用して視覚障害者に音声での誘導が行えるようにしようというものである．情報はインターネットに接続されたアクティブポスターサーバコンピュータに記録されており，視覚障害者の移動（歩行）に従って複数のアクティブポスターに的確な情報を伝達して，目的地まで案内するシステムを構築することが可能である．

音響式信号機（図 2.10）は街中で多く見かけられるが，誘導に使われている音のレベルがしばしば問題となる．交通量の多い昼間と静かになる夜間では差が大きく，周辺住民からのクレームとの狭間でさまざまな工夫が試みられている．環境騒音のレベルに合わせて音量を制御したり，時間帯によって自動的に変えるようにするシステム，専用のボタンを押したときにだけ音が鳴るような仕組みになっているものもある．しかし，視覚障害者にとっては，慣れている

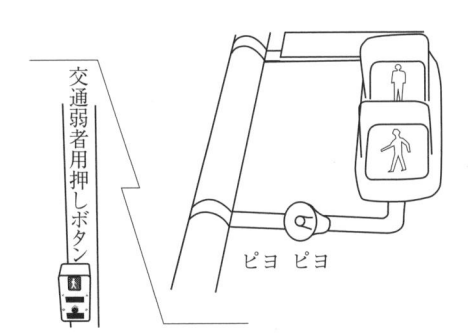

図 2.10 信号機用押しボタンスイッチと音響式信号機

場所以外では設置されている操作ボタンの位置がわからない。そのため，操作ボタンが取り付けてあるボックスから音を発生させる仕組みのものや，特殊な携帯発信機によって遠隔で操作できるような装置もある。

2.5　Webページ作成における配慮

多くの視覚障害者がパソコンを利用し，インターネットに接続して情報を得る，ショッピングを行うといった現状を考えると，情報の提供方法（ホームページ画面）において，視覚障害者が閲覧することを想定した配慮がたいへん重要であることは想像できる。2.2節で説明したように，特殊なソフトウェア（Easy Web Browsing）を提供しての対応も増えてきたが，メーカの担当者には一定のガイドライン（JIS X 8341-3）に沿った画面設計を行うことが求められている。

コーヒーブレイク

筆者は，視覚障害者について知っているつもりでさまざまなことを考えるのだが，先天性の全盲者と**晴眼者**（せいがんしゃ）では視覚イメージがまったく違うことを心がけておく必要がありそうである。ある盲学校で，先天性の全盲学生に湯飲み茶碗を提示して絵を書いてもらったところ，下図右のような絵になったそうである。

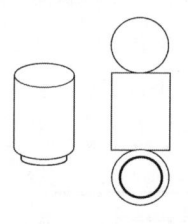

もちろん，彼らは見えないわけだから，実物を触ることでイメージを絵にしたわけである。見える人，あるいは以前に見えていた人は，湯飲み茶碗を斜め上方向から見ると飲み口の円が楕円状に見えることを知っているので，左側のような絵を描くだろう。しかし，彼らにとって飲み口は円でしかないのだ。

このことは，われわれが見ている形状の情報をそのまま提供しても，混乱を与える可能性があるということを示しているといえるのではないだろうか。

GUIが主流となったパソコン画面であるが，Web画面レイアウトにおけるフレーム分割，静止画や動画の多用，飾り文字などは，画面を見られない，あるいは制限された状況で見ている視覚障害者にとってはわかりにくいものとなる。特に，ショッピングや予約機能を利用する場合にはトラブルの原因となりやすい。そこで，ガイドラインで示されているものの中で，視覚に障害のある人にとって特に重要とされているものが「フレーム機能を使わない」，「画像を説明する文字列（ALT文字列）を挿入する」，「レイアウトに表組を使わない」といった点である。フレーム機能など複雑な画面構成とする場合は，別途，シンプルなテキスト画面を用意することが望ましいとしている。

　画像説明文字列については，その画像がなんであるか簡単に説明する文を挿入しておくことで，音声読上げソフトウェアが対応してくれるようになる。また，表組によるレイアウトがなされていると，本来意図しないセルの順番で読み上げてしまうために意味がわからないということが起きてしまう。さらに，文字間にスペースが挿入されている（経済⇒経　済）場合，正確に読み上げることができないことがあり，意味が伝わらないことになる。過度に装飾された画面は，視覚障害者だけではなく高齢者にとっても見にくくわかりにくいものであり，画面設計者は十分に配慮することが必要である。

　作成したWebページが，音声読上げソフトウェアでどのように読まれるのか，操作は複雑ではないかなどといった項目について評価し，どの程度配慮されているかを判定するサービスなどもある。

章　末　問　題

【１】先天性全盲者と後天性全盲者の場合では，情報の提供方法や内容に，おのおのどのような配慮が必要であると考えられるか検討せよ。

【２】点字による情報提供と音声による場合では，情報伝達速度と正確さにおいてどの程度の違いがあるか検討せよ。

【３】公開されているWeb画面で，視覚障害者のアクセスに対してどのように配慮しているか調べ，業種別に比較してみよ。

3 聴覚言語障害者用機器

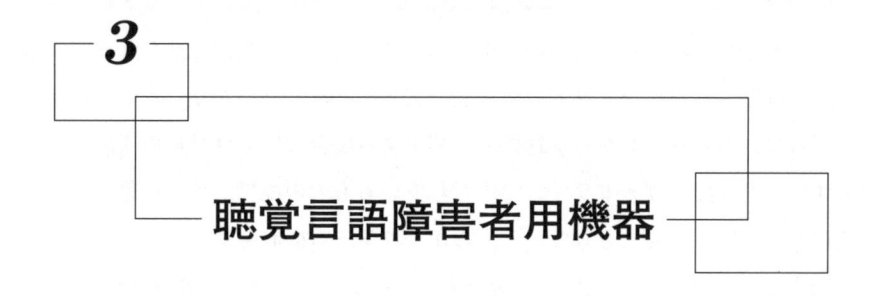

3.1 聴覚とその障害

聴覚は，音を神経パルス信号に変換して大脳に伝える機能を果たす器官である。この器官になんらかの障害あるいは劣化をきたすと，音声による**コミュニケーション**に問題が生じてくる。

聴覚末梢部分は**外耳**，**中耳**，**内耳**の三つの部分に分けられる。外耳は耳介，外耳道，鼓膜で構成され，外から見える範囲である。耳介には音を集める働きがあり，音の方向を認知するときにも役に立っている。外耳道は，単に音を鼓膜へと導くだけではなく，3 000～4 000 Hz 付近の高さの音に対する感度を上昇させる働きもしている。

空気中に存在するなんらかの音源から発生した音は，空気振動としてわれわれの外耳に到達し，耳介，外耳道を経て鼓膜を振動させるのである。この振動は，鼓膜から連なる三つの耳小骨に伝えられる。耳小骨は槌(つち)骨，砧(きぬた)骨，鐙(あぶみ)骨で構成されており，中耳腔と呼ばれる空洞内に配置されて，たがいに連結されている。

鼓膜とこれら三つの耳小骨は，空気の振動を蝸(かぎゅう)牛に伝える役目を負っているのであるが，単につないでいるだけではなく，音を効率良く伝達するための工夫（インピーダンスマッチング）がなされている。かりにこの仕組みがないと，蝸牛に伝えられるエネルギーは 1/10 以下になってしまう。

蝸牛に振動として伝えられた音は，蝸牛内部のリンパ液を振動させ，さらに基底膜という部分を振動させる。そして，基底膜に接している細胞（有毛細胞）

3.1 聴覚とその障害

が刺激されることで神経パルス信号が発生し，聴神経を通して大脳に音の情報が伝わるのである．

一般に，外耳および中耳に障害が起こることによって音の聞こえが悪くなる場合を**伝音難聴**といい，内耳以降の障害によって生じる難聴を**感音難聴**という．外耳の障害とは，事故や奇形などによる耳介や外耳道の損傷や変形，鼓膜が破れるといったことなどであり，これらが原因で音の伝わり方が悪くなるのである．また，中耳の耳小骨が破損あるいは周囲の組織と癒着するなどして動きが悪くなることで生じる**難聴**もある．さらに，中耳炎などで中耳腔に浸出液が溜まることによっても同様の症状が起こる．

しかし，伝音部分が原因となるこれらの難聴は，多くの場合は外科的な治療によって改善する．これに対し，病気や薬物によるもの，先天性の感音難聴は蝸牛内部の神経組織に問題が起こることで生じたものであることから，治療することはたいへん難しい．なお，後天的な感音難聴で最も多いのは原因不明である．

聴覚障害者については，身体障害者福祉法において定義されており，視覚障害者と同様にその程度によって等級が定められている（**表 3.1**）．難聴の程度は，基本的に平均聴力レベルと語音明瞭度によって区分されている．この**聴力**

表 3.1 聴覚障害の障害等級（身体障害者福祉法施行規則，身体障害者等級表から抜粋）

等級	障害の程度
1 級	該当なし
2 級	両耳の聴力レベルがそれぞれ 100 dB 以上のもの（両耳全ろう）
3 級	両耳の聴力レベルが 90 dB 以上のもの（耳介に接しなければ大声語を理解し得ないもの）
4 級	1. 両耳の聴力レベルが 80 dB 以上のもの（耳介に接しなければ話声語を理解し得ないもの） 2. 両耳による普通話声の最良の語音明瞭度が 50 %以下のもの
5 級	該当なし
6 級	1. 両耳の聴力レベルが 70 dB 以上のもの（40 cm 以上の距離で発声された会話語を理解し得ないもの） 2. 一側耳の聴力レベルが 90 dB 以上他側耳の聴力レベルが 50 dB 以上のもの

レベルとは純音聴力検査の結果として得られる値であり，周波数と強さを変化させた純音を受話器（ヘッドホン）から提示し，聞き取ることのできる最小の音圧（レベル値）で示される。通常測定する周波数は 125 Hz から 1 オクターブステップで 8 kHz までであり，各周波数の標準レベル（健聴者の平均値を基に決められた値）を 0 dB HL（hearing level）として 5 dB ステップの相対的な値として表される。

その結果を図示したものを**オージオグラム**といい，数値が大きいほど聞こえが悪いということになる。臨床的には通常 25 dB HL までは正常範囲とされ，40 dB HL 以上になると**補聴器**が必要であるとされている。さらに，500 Hz，1 kHz，2 kHz における聴力レベルの平均値が 70 dB HL 以上で聴覚障害者（6級）として認定されることとなる。

医学的には，この平均聴力レベルが 100 dB HL 以上である重度の難聴者をろうとしている。なお，音声言語を習得した後に失聴した（重度の難聴となった）場合は**中途失聴**という。日本の聴覚障害者数はおよそ 35 万人程度とされているが，実際には人口の 5 %が軽度以上の難聴者であるともいわれている。

さらに，多くの人に起こる可能性のある難聴は，歳をとることによって体のあらゆる部分が劣化してくるために起こる，いわゆる加齢による難聴である。図 **3.1** に示した加齢による平均的聴力レベルの変化は，ISO 7029 で示された

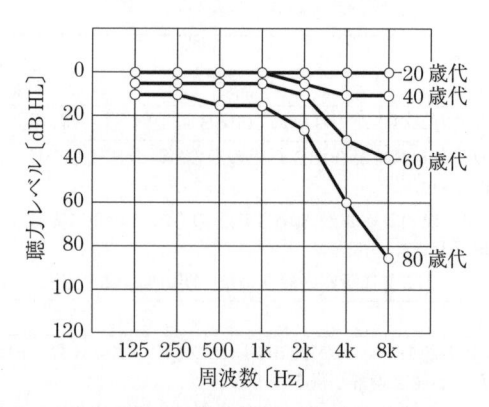

図 **3.1** 加齢による平均的聴力レベルの変化
（男性の中央値：ISO 7029, 2000）

男性の中央値であるが，これによると高齢になるほど高い周波数から聞こえが低下していることがわかる。また，男女差をみると男性のほうが低下の程度が大きいという傾向がある。しかし，加齢による聴覚の変化は個人差が大きく，必ずしも一定の傾向があるわけではない。

3.2 残存聴力活用を支援する機器

3.2.1 補　聴　器

聴覚の障害（ここでは難聴を指す）を支援する機器として最も一般的なものが**補聴器**である。多くの機種があり，機能に程度の差はあるものの，音が小さく聞こえる，あるいはほとんど聞こえないという状態の人に対して音を増幅して聞かせることで情報の保障を行い，音声によるコミュニケーション能力を維持させることを目的としている。

しかしながら，単に補聴器を装着しただけでは，うるさいだけで役に立たないとする人も多い。これは多くの場合，補聴器の音響特性を個人の聴覚の状態に合わせる**適合**が十分に行われていないことが原因である。補聴器は眼鏡店で扱われていることが多いため，眼鏡と同様に合わせられると思われがちであるが，一般の眼鏡が焦点の位置を補正する物理的な補正であるのに対し，補聴器は聴覚という感覚そのものの補正を行うという点で大きく異なっている。

補聴器の適合とは，基本的に，個人の低下した聴力レベルを補正（増幅）することと，不快な過大音を抑えるような設定を同時に行うことである。実際には，健聴者と同じ聴力レベルになるような増幅を行うと耐えられないような音圧となるため，過去の事例をベースにして統計的に最適な増幅度を周波数ごとに計算して，補聴器の周波数特性を決めることになる。

図 **3.2** に，補聴器の基本的な内部構成を示した。このように補聴器は，基本的に音を大きくする「増幅器」といえ，付属的な回路としては個人の聴力型（周波数ごとの感度差）を補正する音質調整，うるささや音響障害（強い音が連続して耳に到達することによって起こる内耳の障害）を避けるための出力制限機

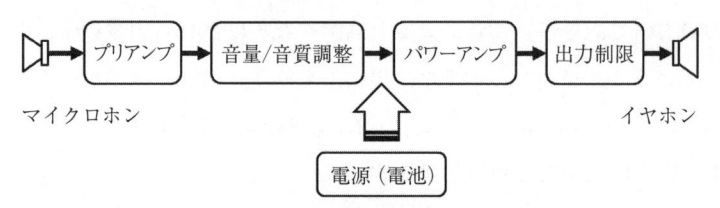

図 3.2 補聴器の基本的な内部構成

構などを備えている。しかし，電源（電池）や大きさといった条件がほかの機器に比べて格段に厳しい上に，大きな出力音圧が必要とされるために回路の設計はたいへん難しいとされる。

　補聴器を形状で分類すると，箱形（ポケット形），耳かけ形，耳あな形に分けられる。箱形補聴器は，操作しやすい大きさであることや低価格という点で優れているが，できるだけ目立たない補聴器を望む人が多いために販売数は減少の一途をたどっている。**耳かけ形補聴器**は，高出力が得られ取扱いも比較的容易であることから，安定して市場に出回っている。**耳あな形補聴器**は，軽度から中等度の難聴者が対象であり，現在最も多く出回っている機種である。ほとんどの耳あな形補聴器は，個人の外耳道形状に合わせて作られ，より安定した装着感と目立ちにくさを実現している。

　近年では，オープンイヤタイプと呼ばれる補聴器が増えてきている。これは，耳栓や耳あな形補聴器を装着したときの閉塞感や，密閉することで生じる音の響きやこもり感を軽減する目的で，細いチューブや穴のあいた耳栓を使用している耳かけ形補聴器である。以前は，マイクロホンと出力の間が十分に遮蔽されていないために，ハウリング（増幅された音がマイクロホンに戻って再び増幅されるために生じる発振音）を起こしやすいという問題があったが，ディジタル技術の進歩により抑制できるようになり実用化された。しかし，増幅には限度があり軽度の難聴者がおもな対象である。

　増幅した音を空気振動として出力する以外に，振動として伝える**骨導式補聴器**がある。これは，外耳の奇形などで一般の補聴器が装着できない難聴者や，外耳道を塞ぐことができない場合に有効である。通常，骨導振動子と呼ばれる端子を耳介後部の乳突部（少し骨が出ている部分）に圧抵し，骨を振動させるこ

とで直接蝸牛に音を伝えるものである。

最近の補聴器では，いわゆるハイテク応用が進み，専用のディジタル IC を内蔵した**ディジタル補聴器**が多く販売されるようになってきた。ディジタル補聴器では，マイクロホンから入力された音が A/D 変換器によってディジタル信号に変換され，DSP (digital signal processor) によって加工される。その後，再び D/A 変換されてアナログ信号として出力されることになる。

ここで行われる信号処理は，従来の補聴器で行われてきた音質調整機能に加えて雑音軽減やハウリング抑制，指向性制御（特定方向の音を強調する機能）など多種にわたっている。アナログの電子回路では，温湿度や経年変化などによる不安定さが原因で十分な特性が得られなかったこれらの機能も，ディジタル方式の補聴器では実現できるようになった。

国内における 2011 年の補聴器出荷台数（日本補聴器工業会調べ）は，総数が約 49 万台でポケット形がおよそ 7 %，耳かけ形がおよそ 51 %，耳あな形がおよそ 42 %となっている。また，ディジタル補聴器の出荷台数は 2003 年に全体の半数を超え，2011 年にはおよそ 90 %を占めるに至っている。

3.2.2 電波や赤外線を利用して音声を明瞭に伝える補聴器

補聴器を装着すると周囲の雑音も同時に増幅してしまうために，「うるさい」「ガンガンする」「自分の声がこもる」などといった訴えが多く，本来目的とする音声が聞き取れないといったことがある。これは，周囲で発生する騒音や，目的の音源が壁面などで反射して生じる音などが混ざり合って音声の了解性を低下させているためである。そこで，音声信号に対する周囲の雑音レベルを低減させるために，音源に近い位置のマイクロホンで音声を拾い，電波を使って受聴者に了解性の高い音声を提供できるように作られたのが **FM 補聴器**である。いわゆるワイヤレスマイクであり，信号の変調方法に FM (frequency modulation, 周波数変調) を使用することからこの名前がある。

電波を使用するため，法律（電波法）の制限を受け，微弱な電波しか使えなかったが，1997 年に，補聴を目的とした専用の周波数帯として 76 MHz 帯が割

り当てられ，2007年には169MHz帯が追加された。正式名称は「補聴援助用ラジオマイク（聴覚障害者の補聴を援助するための音声そのほかの音響を伝送するためのラジオマイクをいう）用補聴援助システム」である。

送信側はいわゆるワイヤレスマイクで，法的には「特定小電力無線設備」として位置付けられている。これは，空中線電力（10mW以下）や周波数（75.2～75.6MHzおよび169.4125～169.7875MHz），変調方式（30F8）などが規定に合っていることを認定された製品であれば，使用にあたって無線従事者としての資格を必要としないものである。特に169MHz帯は，同様の目的で使用する周波数帯域として欧米では標準となっており，海外の製品をそのまま使用できるという点でも有益であり，多くの周波数チャンネルを確保できるようになったために，学校において多くの教室で同時に使用する場合などでも混信の心配が少なくなった。

さらに，技術の進歩によって耳かけ形補聴器に受信回路やアンテナを内蔵した製品が販売されるようになって取扱いが容易になり，難聴学童を対象として学校での利用が増えている。また，耳かけ形補聴器に必要に応じて取り付ける小型アダプタも製品化されている。

FM補聴器と同様の目的で開発されたものに**赤外線補聴援助システム**（**図3.3**）がある。これは，FM補聴器が電波を使用して音声を伝送しているのに対して，赤外線を搬送信号として利用するものである。赤外線は壁面を通過しないため，電波のような混信を受けず，法律の制限を受けることがないため利用しやすい

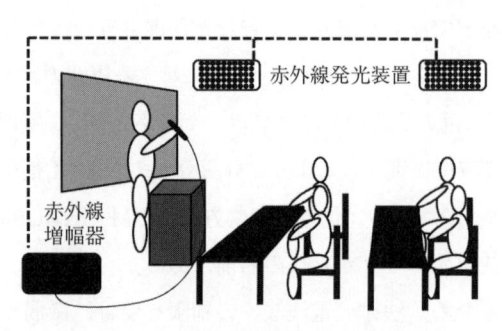

図3.3 赤外線補聴援助システム

という利点がある。しかし，太陽光が強い場所では使えず，もっぱら屋内での使用にとどまることになる。また，赤外光受信装置では一定面積の受光部分が必要となるため，電波を受信する小型アンテナに相当するものは作れず，機器が大型化してしまうという問題点もある。このシステムを使用するには，赤外線受信ユニットを用意し，補聴器に接続する必要がある。

3.2.3 人工内耳

補聴器を使用してもほとんど音が聞こえない重度の難聴者を対象にした機器として，**人工内耳**というものがある。重度の難聴者であって，蝸牛内で振動を神経パルスに変換する細胞が劣化していても，聴神経の損傷は少ない場合がある。そこで，蝸牛の中に細長い電極アレイを埋め込み，その電極から電流を流して聴神経を直接刺激して音の情報を伝えようとするものである。コクレア社（オーストラリア）の人工内耳システムは，日本国内で4 000件以上の埋込み手術が施されている。

人工内耳システムは，補聴器のように装着する外部ユニットと，頭内（耳介の後方）に埋め込まれる内部ユニット（**図 3.4**）の二つで構成されている。内部ユニットには直径 1 mm 以下の細長い電極アレイ（8〜24組の電極）が取り付けられており，これを蝸牛の鼓室階（基底膜の下側）に挿入する。外部ユニットでは，マイクロホンから入力された信号を処理した後に高周波変調し，送信アンテナから皮膚を通して内部ユニットのループアンテナに送り込む。このとき，内部ユニットが動作するために必要な電気エネルギーも同時に送られるため，

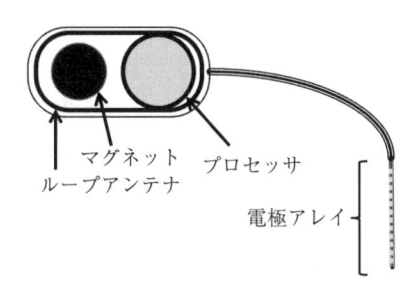

図 3.4 人工内耳システムの内部ユニット概略図

電池などの電源を埋め込む必要はない。

埋め込まれた内部ユニットでは受信した信号を電極ごとの信号に変換して，各電極に電流を流すようになっており，電流量はマッピングといわれる検査によって，患者の反応に応じて設定される。患者によって異なるが，人工内耳を活用できるようになるためには埋込みの手術を受けて数か月単位での調整，訓練を必要とする。なお，先天性の場合には音声言語による言葉の習得が遅れないような時期，2歳頃までに手術を行うことでより高い効果が期待できる。

また，後天性の場合には，音声言語による言葉の聞取りを理解していることから効果が大きいということが知られているが，失聴してからの期間が長いと音の感覚を忘れてしまうため，十分な効果が得られない可能性が高くなる。

3.2.4 磁気ループシステム

明瞭な音声を補聴器に直接伝える方法として古くから使われているシステムに，**磁気ループシステム**（図 3.5）というものがある。これは，マイクロホンで拾った話者の音声を増幅し，床などに設置されたループに供給することで磁場の変化として出力するものである。受信側である補聴器の入力スイッチを「T」に切り替える（多くの補聴器には，マイクロホン入力と磁気入力を切り替えるスイッチがある）ことで，内蔵された磁気コイルで磁場の変化を音声信号に変換し，通常使用しているような状態で音声を聞くことができるようになっている。

磁気コイルを内蔵したすべての補聴器で互換性があるため，磁気ループシス

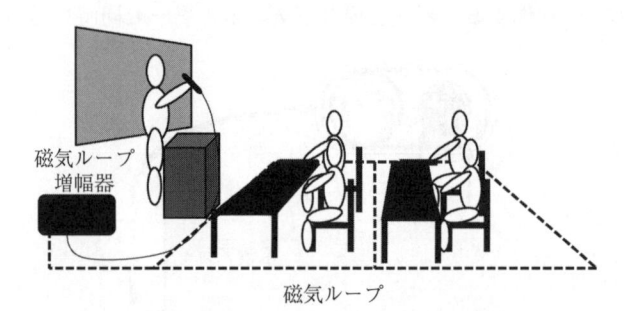

図 3.5　磁気ループシステム

テムが使える場所であれば国内外を問わず使用できる。しかしながら，このシステムはカーペットや床下にループを埋め込む必要があり，設置経費がかかることから，利用頻度が高いと思われる一部の施設だけにしか設置されていないのが現状である。さらに，近年の補聴器小型化の影響もあって，磁気コイル自体を内蔵していない補聴器が増えている。

3.2.5 音声を加工する

多くの難聴者は，周波数の高い音声が聞こえにくいのが一般的であるため，通常の音声周波数の特性を周波数の低いほうに移動して，聞きやすくしようとする機器の開発が行われた。録音した音声を録音時よりゆっくり再生すると声が低くなるが，再生時間も延びてしまう。そこで，音声分析合成技術を使い，いったん音声の特徴を抽出して声の高さや共鳴周波数のパラメータを変更した後で，再合成するのである。これによって合成された音声は，原音が女声の場合には男声のように聞こえるが，音声としての情報は保存され，時間延長も生じない。

しかしながら多くの聴覚障害者では，音の周波数を聞き分ける能力（周波数分解能）も低下しており，周波数成分を低いほうにシフトさせた音声（周波数圧縮音声）による聞取り改善は必ずしも効果的ではない。なお，さらに簡易な音声処理法で同様の音声を作ることができる技術も開発されており，特殊な補聴器に応用されている。これらの技術を応用すると，声の質を変えずに発話をゆっくりさせるような音声処理も可能となる。

健聴者は，騒音下での会話など聴覚末梢から入力される情報が不十分な場合には，中枢（大脳）が文の前後関係や文法などの知識を使って補完することで聞き取っている。これは聴覚障害者が普通に聞き取っている場合も同様なことが起きていると考えられ，中枢での処理に時間がかかるために早い会話についていけないことがある。そこで，上記のように加工するのであるが，途中のポーズ（無音）時間を縮めることで時間延長が生じないようにする。結果的に音声情報を補完する中枢での処理時間に余裕が生じることはなく，聞取りはあまり改善されない。しかし，一部の高齢者には有効とされ，このようなシステムが

内蔵された電話機も市販されている。

3.2.6 超音波補聴システム

人間が聞くことのできる周波数範囲は 20 Hz から 20 kHz であり，20 kHz 以上の音は超音波といわれている。通常では，人間はこの超音波を聞くことができないが，骨伝導によって超音波刺激を行うと聞き取ることができる。さらに，補聴器などで音を強くして与えてもほとんど聞こえない最重度の難聴者でも，この音を聞き取ることができる場合があるといわれている。

このような基礎研究の結果を基に，**超音波補聴器**の実用化研究が行われている。少なくとも健聴者では 25～40 kHz の超音波を搬送波として，音声を搬送波抑圧振幅変調することで語音を聞き分けることができると報告されている。

3.3 聴覚以外の感覚情報に変換する機器

3.3.1 視覚による情報提示

音声によって提供される多くの情報を，視覚情報に変換して難聴者に提供するという試みは古くから行われている。講義や講演を聞く場合やテレビ放送など音声による情報伝達の場面では，**手話通訳**によるリアルタイムでの**情報保障**が一部で行われているが，実施するか否かは主催者側（放送側）の考え方に任されている。

また，聴覚障害者への情報保障は**手話**だけで十分であるという間違った理解が一般に浸透していることも問題である。実際，手話を使えるのは聴覚障害者の 10 % 程度であり，手話自体も日本語文法に対応した手話と，独自の言語体系を持つ日本手話が存在するために十分に情報が伝えられているとはいい難い。講演会などでは，手話通訳と同時に**要約筆記**といわれる情報保障が行われていることがある。これは，OHP (over head projector) 上の透明フィルムに一定の訓練を受けた要約筆記者が話の内容を要約して書いていくことで，音声を文字化して難聴者に対する情報保障を行うものである。このように，視覚情報に

3.3 聴覚以外の感覚情報に変換する機器

変換して提供する方法としては「手話」あるいは「文字」を併用するのが望ましいといえる。

言語ほど複雑ではない情報を光で提供する機器も多く存在する。玄関チャイム，電話（あるいはFAX）の着信，乳児の泣き声など，気付かないと困る日常の音をセンサで検出してフラッシュなどの光で知らせる機器があり，一定条件を満たす聴覚障害者の世帯に日常生活用具として，一部負担で給付される。

遠隔地間での文字による情報交換手段としては，**ファクシミリ**が多く使用されているが，外出時には使えないため携帯型の文字通信機器も開発されてきた。しかしながら，通信方式が統一されていない，機器が大きいなどの理由であまり広がることはなかった。その後，携帯電話の**メール機能**が簡単に使えるようになり，現在では携帯電話が広く活用されている。ただ，通常の文章表現が，ろう者に対しては必ずしも正確に情報を提供していない事実があることも，知っておく必要がある（p.46 コーヒーブレイク参照）。

3.3.2 文字多重放送

文字多重放送とは，ラジオあるいはテレビ放送において放送信号に文字コードなどの情報を多重(重畳)する放送のことをいう。一般に**文字放送**とは文字多重放送のうち，画面全体に文字や簡易図形を表示するものを指すことが多い。これに対し，**字幕放送**はクローズドキャプション（ヨーロッパではテレテキスト）ともいわれ，主たるテレビ画面の音声情報を表記するために使われるものを指す。

米国では，1990年に成立した**ADA**（Americans with Disabilities Act, 障害を持つアメリカ人法）を基本とし，1993年に発効したTDCA（Television Decoder Circuitry Act, テレビデコーダ回路法）によって，13インチ以上のテレビすべてに字幕デコーダの内蔵が義務付けられた。このような背景により，米国3大ネットワーク（ABC, CBS, NBC）では，1996年時点ですでに90％以上の放送において字幕による情報保障が行われている。

日本においてはNHK総合テレビで1985年に始まり，民放でも同年に東京お

よび大阪のキー局を中心に開始された。しかしながら，字幕放送が努力目標として位置付けられていることもあり，2006年度の放送時間に占める字幕放送の割合は，NHK総合ではおよそ43％，在京民放キー5局平均ではおよそ33％にとどまっている。その後，地上波テレビ放送のディジタル化が進み，地デジ対応（字幕デコーダ内蔵）受像機の普及による後押しもあって，2010年度における字幕放送の割合はNHK総合ではおよそ56％，在京民放キー5局平均ではおよそ43％（情報通信研究機構による）と増加している。

音声情報を文字化する手法も進歩してきた。当初は録画された番組が対象で，放送前に字幕をオフラインで作成するのがほとんどであったが，ライブ番組などではリアルタイムで字幕を作成しなくてはならない。アナウンサなどが読み上げる文章など前もって決まっている場合は，生放送であっても事前に字幕として用意しておき，放送時にタイミングを合わせて送信する方法があるが，予想外の事態には対応できないという問題がある。そこで，放送される音声を聞きながら訓練を受けた速記技能者がステノタイプライタと呼ばれる特殊なキーボードを使用して順次字幕文字を入力する方法がある。この技術は法廷での速記に使用されており，250 word/min程度の速さで入力が可能であるが，字幕作成者としてはかなりの熟練技術が要求される。

最近ではリスピークと呼ばれる特性話者認識装置を使用したシステム（図3.6）が使われ始めている。これは，出演者の発話を別の発話者が，前もって装置に

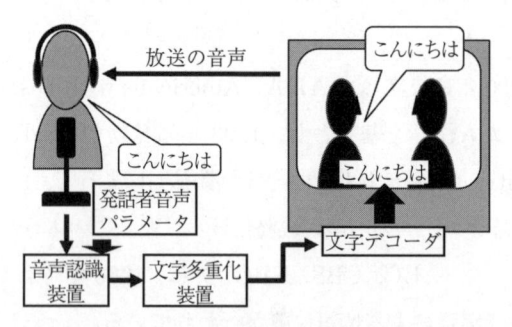

図3.6 リスピークと音声認識装置を使った字幕作成システム

登録された認識しやすい音声で再度発声して装置に認識させ，文字化するものである．認識率が高くなることで修正の必要性が低くなり，効率よく字幕を表示することができるようになるため，リアルタイムでの字幕放送が容易になるというメリットがある．

3.3.3 パソコン要約筆記

前述の要約筆記は，講演会や大規模な会議などで，手話通訳による情報保障が使えない聴覚障害者に対して文字による情報保障を行うためのたいへん有効な手段であり，複数の入力オペレータによる**パソコン要約筆記**の利用も増えている．これは，複数（2～8台程度）のパソコンをネットワークで接続し，発話内容を分担して入力するものである（図**3.7**）．各入力パソコンから送られてきた文字列は，表示用パソコン上で順番に並べられ，必要に応じて修正されてからスクリーンなどに表示される．

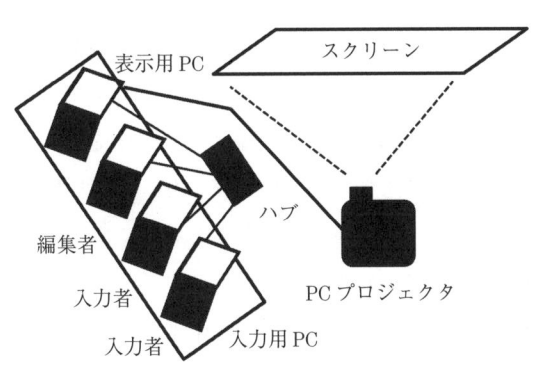

図 **3.7** パソコン要約筆記システム

また，事前に原稿があれば，発話者の話にタイミングを合わせて表示することもできる．これらのシステムの運用には多少の訓練が必要となるが，特殊なキーボードを使用して特殊技能を持った速記者が入力する場合に比べると容易で，ボランティアによる運用も可能なシステムとなっている．

3.3.4 手話サービス

　一般の人を対象とする企業や役所などの窓口では，聴覚障害者にも対応できることが望まれる．対面であれば**筆談**（たがいに紙に文字を書いて話をする方法）でも可能であるが，時間も手間もかかり，複雑な話になるとたがいの負担が大きくなる．手話を使える人であれば手話による対応が理想であるが，特殊な場所以外では専属の手話通訳士を配置することもできない．そこで，必要に応じて，**テレビ電話**を介して手話通訳サービスを提供してくれるシステムがある．

　これは，手話通訳サービスを希望する窓口にテレビ電話システム（Web テレビ）を設置し，事前に契約してあるサービス提供会社と必要に応じて接続して，待機している手話通訳者が対応するものである．複数の事業所が手話通訳者を共有することになり，通訳者の移動などにかかる時間も節約できることから効率的なサービス提供が可能である．

3.3.5 振動による情報提示

　視覚では情報を伝えられない場合や，音による情報を捕捉する目的で振動（触覚）刺激を利用することもある．前述の，光などで情報を提供する機器では視野に入らないと気付かないため，携帯形の振動受信機を持ち歩くことで気付くことができるようにした機器も使われている．また，目覚まし時計などにも振動で知らせるタイプがあり，日常生活用具として有効に使える．これまでは，特殊な機器として市販されていたが，携帯電話のアラームとバイブレータ機能でも同様の機能が実現できるため，最近では携帯電話の利用が増えている．

3.4　発声の仕組みと音声の障害

　人間が声を出すための音源となるのは，**声帯**といわれるヒダの振動と，狭められた通路を気流が通過する際に発生する雑音である．母音などの有声音では，声帯が振動することで倍音成分を含む3角波状の音が発生し，口唇までの経路で共鳴することによって周波数スペクトルが変化させられて発せられる．

無声子音は，狭い経路に気流を通過させて広帯域の周波数成分を持つ雑音を発生させたり（摩擦音），いったん呼気をためて一気に排出する（破裂音）などの方法で発している。人間は，これらを組み合わせて**音声言語**としており，これらの周波数スペクトルの時間的な変化を聞き分け，音声によるコミュニケーションを行っている。

しかしながら，病気などのために発声の音源となる声帯を摘出する必要が生じた場合，このような状態を補償する機器が必要となる。

3.5　発声を代行する機器

3.5.1　人工喉頭

声の原音を発生する声帯をなんらかの理由で失った場合や発声器官の障害などがあると，声を発することが困難となるため，代わりの音源となる機器が必要となる。このような目的で作られたものを**人工喉頭**（図 3.8）といい，大きく分けて笛式と電動式がある。

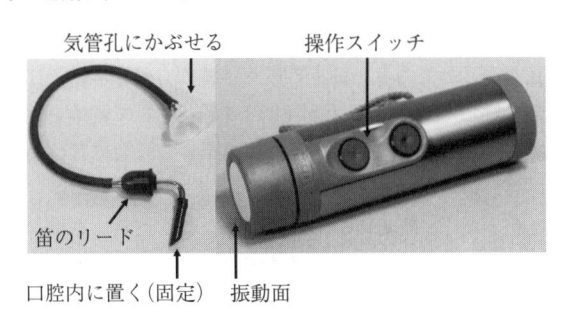

図 3.8　人工喉頭（左：笛式，右：電動式）

前者は気管に開けられた気管孔から出される呼気で笛のリードを振動させて音源とし，後者は内蔵された電動バイブレータによって声帯原音の特性に近い音を発生するものである。笛式人工喉頭は音源が出力されるチューブの先端を口腔内に置き，構音（発話時の口，舌の動き）を行うことで発声するものである。電動式のものは，機器の振動面を頸部の声道付近に押し当てることで音源

として使用する。

しかし，これらの音源は発生する周波数が一定であるため，普段の発声で行っているように声の高さを変化させることができない。通常の発話では文中のイントネーションやアクセントあるいは疑問文などで声の高さを変化させて感情を表現しているが，これは外部の音源では表現できず平坦な声となり，いわゆる「機械的な声」に聞こえてしまう。

コーヒーブレイク

文字表記されていればOK？

対面でのろう者同士のコミュニケーションでは，手話を使用するのが通常であるが，相手が見えない状況では文字に頼らざるを得ない。しかし，これがなかなか難しいのである。公的機関が文書で配布する広報や一般の掲示なども，どこまで正確に理解されているのだろうか。ある保険会社のパンフレットに「自動車保険を見直して，浮いたお金でなにができるか？」という表記があった。これを読んだ先天性のろう者から「なぜお金が水に浮くのか？」という質問があったそうである。また，トイレの入口に「清掃中のため利用はご遠慮下さい」という表示があったので，遠慮しながら入ったら怒られたなどという経験も話してくれた。

これらの多くは，日本語文法に対応していない手話（日本手話）を使用しているろう者が経験することである。日本のろう学校の方針では，聴覚が十分に活用できないろう児に対しても口話法（音声と口の形状を見て言葉を覚える）による教育が中心である。この方針に対しては，手話を早い時期に習わないことが十分に言葉を覚えられない原因だとする意見も多い。また，日常の手話では抽象的な表現を使うことが少なく，語彙数が少ないことなども正確な表現や理解が十分にできていない事と関連しているものと思われる。

さらに，「彼はあくまでも賛成した」という文を，手話通訳者が「彼は，悪魔でも賛成した」という手話にしたため意味不明であったという話も聞いたことがある。実際，テレビ放送で行われている手話，文字同時利用で最もわかりやすいとされるNHK教育テレビの「手話ニュース」でも，先天ろう者の理解度は8割程度だといわれている。

携帯電話による文字通信（携帯メール）が簡単に利用できるようになって，便利にはなったものの，聴覚障害者，特にろう者に100％正確な情報を伝えるための工夫はまだまだ必要であるといえる。

これに対し，より自然な音源を発生させる**抑揚機能付き人工喉頭**が開発された。前述の気管孔から生じる呼気の強弱をセンサで検出し，人工喉頭が発生する振動の周波数を変化させることができるようになっている。これにより一定の訓練を行うことで，より自然な発声が可能となる。

しかしながら，音の不自然さに加えて人工喉頭をつねに持ち歩く煩雑さから，食道発声といわれる方法によって発声している人も多い。この方法は，胃の中に空気を取り込み食道の上部を声帯のように振動させて音源とするものである。機器を持ち運ぶ必要がなく便利ではあるが，かなりの訓練が必要であるとされており，音源の周波数（声の高さ）が低くなることもあって女性には敬遠されている。

3.5.2 発話代行機器

声帯だけではなく，舌などの発声器官の働きに障害が起きたときも，発声を代行してくれる機器が必要となる。視覚障害者の支援技術としても有用な，テキスト音声合成技術を利用した**発声代行機器**が開発されている。多くは五十音配列のキーボードを持ち，キー入力されたキーに対応する音声を発声するもので，事前に入力しておいた日常よく使用する短文（「おはようございます」など）を登録しておく機能を持つ機種もある。発話速度や発話音声の高さが変更できたり，標準のキーボードが使えない人のために特殊な入力機器を接続できるものもある。

章 末 問 題

【1】 聴覚障害者が補聴器を装用する際は，適合が重要なポイントであるとされているが，適合されていない場合にはどのような問題が起こると考えられるか。
【2】 ろう者と難聴者の間では，音声によるコミュニケーションに対する考え方に違いがあるとされているが，それらについて調べ，比較せよ。
【3】 高い周波数の聞取りが悪くなるほど，言葉の聞き間違いが増えるとされている。この現象を聴力のパターン（周波数ごとの聞こえの程度）と音声の周波数特性から説明せよ。

4 移動機器

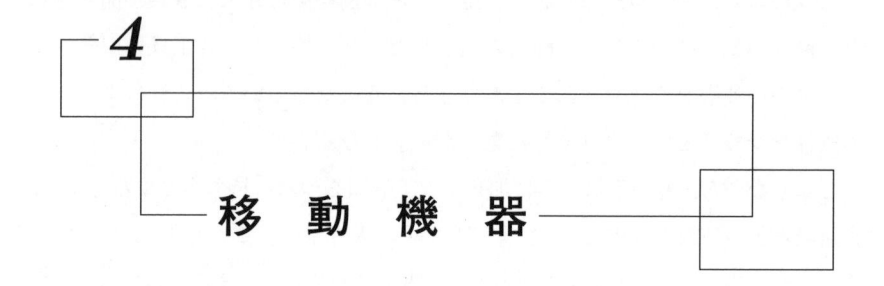

4.1 歩行器

歩行器は**歩行補助具**の一種である。杖を使用するよりも安定した歩行が可能であるが，両上肢の支持が必要になるため，上肢の機能が良い人の使用に適している。しかし，転倒の危険性があることや段差の乗越えが困難なため，一般家庭内や外出時の利用よりも，施設内での利用に適している。形状は一般的に四点接地式であり，高さ固定式，高さ調節式，交互歩行式（**図 4.1**(a)）などの種類がある。車が付いた**歩行車**もあり，これには四輪式（図 (b)），三輪式，二輪式などがある。形式やサイズに多くの種類があるため，使用者の使用状況に合わせて最適な製品を選択する必要がある。

最近では，四輪式歩行器の一種として**シルバーカー**がよく使われている。シルバーカーは荷物を入れることができ，疲れたら椅子として休むこともでき，お

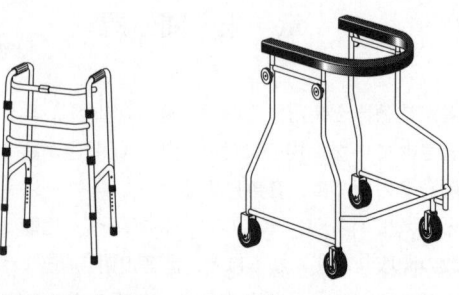

(a) 交互歩行式歩行器　　　(b) 四輪式歩行車

図 4.1 歩行器と歩行車

年寄りに人気がある。多くの製品が作られているが，**SG** マーク付きの製品を選べば安心である。これは，シルバーカーは製品安全協会で「歩行補助車」として規定が決められており，これらの基準に適合した製品には SG マークが貼られているからである。また，「歩行車（ロレータおよびウォーキングテーブル）」も規定があるので SG マークを選択の基準にすればよい。

4.2　歩行補助杖

歩行補助杖は一般的に杖あるいは**クラッチ**と呼ばれるもので，**単脚杖**（T字杖など），**多脚杖**（三脚杖，四脚杖），**松葉杖**，エルボークラッチ（ロフストランドクラッチ），カナディアンクラッチなどの種類がある（図 **4.2**）。

(a)　T 字杖　　(b)　四脚杖　　(c)　エルボークラッチ

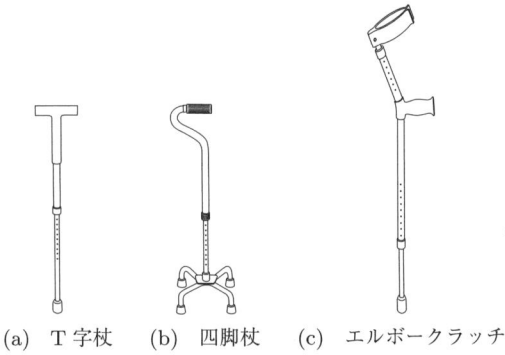

図 **4.2**　歩行補助杖

松葉杖は最初は木製の製品が作られていたが，現在製造されている杖やクラッチの素材としてはアルミ合金製のものが多い。また，同じ杖でも**白杖**は視覚障害者が安全に歩行するための杖であり，支持するための杖とは使用目的が異なる。

単脚杖では握りが T 字型の T 字杖が比較的多く使われている。長さの調節が可能な杖が多く使われており，最適な長さに調節して使用する。長さは一般に握りの位置を大転子の高さを基準として決定する。理学療法士などの専門家から杖の使用者に合わせた杖歩行パターンを習得して歩行するのがよい。

単脚杖はSGマーク付きの製品があるのでこれを選べば安心である。安定性が悪い場合には多脚杖が使われるが，三脚杖は少なく，大部分が四脚杖である。多脚杖は平坦地では安定しているが，凸凹したところでは使いにくい。杖に求める安定性の大小により支持面が広いものと狭いものがある。多脚杖の支持面は大きなものでは左右に対称ではなく，歩行に邪魔にならないように前後に長い形状になっている。支持面が広い杖は安定性は高いが，逆に階段などでは使いにくい。

体重負荷が大きい場合は松葉杖やエルボークラッチが使われる。特に体重負荷が大きい場合は両側で使われることも多い。これらは体重の支持と歩行機能の獲得を目的として使用されるため，強度的にも頑丈であり，杖先ゴムも単脚杖と比較して大きなものが使われている。JISには木製松葉づえ（JIS T 9204）が規定されているが，最近では外観がよく破損しにくいことから，アルミ合金などの金属製の製品が多く使われている。

エルボークラッチは握りの上部にアームを介してカフが付いており，前腕を固定して体重負荷を行いやすくしている。支柱およびアームの長さは調節できるものが多いが，緩みやすいため，ヘビーユーザの場合にはあらかじめ長さを合わせた調節できないタイプを使用したほうが壊れにくい。

コーヒーブレイク

杖を使う人があまり関心を払っていないものに杖先ゴムがある。杖先ゴムは消耗品で使っていくうちに減っていくが，交換できることを知らない人が多い。ただ，減りやすいゴムは摩擦力が高い場合が多いので，ゴムが減りやすいことがただちに欠点となるわけではない。ゴムの種類や使用の仕方により減り方は異なるが，エルボークラッチの超ヘビーユーザが減りやすいゴムを使用した場合は数日で減ってしまい，使えなくなるそうである。杖先ゴムが減ったままで杖を使用すると，支持がきちんとできなくなったり滑りやすくなって危険なため，杖先ゴムが減ってきたら早めに交換することをお勧めする。

4.3 車いす

4.3.1 車いすの種類

車いす（wheelchair）は歩行が困難な人のための福祉機器の一つである。車いすの機能は「移動」と「座ること」であり，特に長時間車いす上で生活する人にとっては，座る機能は重要となる。障害の部位と程度，身体寸法，使用環境，使用目的などの要因によってさまざまな種類の車いすが使われている。

車いすを駆動方式から分類したものを**図 4.3**に示す。車いすは，使用者自身の力で動かす車いす，動力を使って動かす車いす（**電動車いす**），介助者が動かす車いす（**介助用車いす**）の三つに分けることができる。使用者自身の力で動かす車いすでは上肢を使用する手動車いすが多いが，片麻痺者などが使用する足駆動式車いすもある。使用目的から分類すれば，一般移動用，スポーツ用，作業用，車載用，室内用，旅行用などがある。

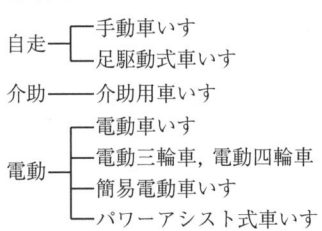

```
自走 ─┬─ 手動車いす
      └─ 足駆動式車いす
介助 ─── 介助用車いす
電動 ─┬─ 電動車いす
      ├─ 電動三輪車, 電動四輪車
      ├─ 簡易電動車いす
      └─ パワーアシスト式車いす
```

図 4.3 駆動方式による車いすの分類

かつては自分で車いすを漕ぐことができる人は**手動車いす**を使うべきだという考え方が強かった。残っている手の機能を失わないように積極的に手を使うべきだという理由からであった。しかし，やっと手動車いすが使えるくらいの人では，目的地に着いたら疲れきってなにもできなくなっていたということになってしまう。しかも毎日の生活が訓練であるというような生活はつらい。そのため近年では，持久力が十分でない人や車いすの移動でエネルギーを使いきっては困る人は電動車いすを使うべきである，という考え方になってきている。必要な人は体調のよいときに手の機能を鍛えるトレーニングをすればよい。

4.3.2 手動車いす

（１） 手動車いすの構造　　手動車いすの代表的な構造と各部の名称を**図 4.4** に示す．

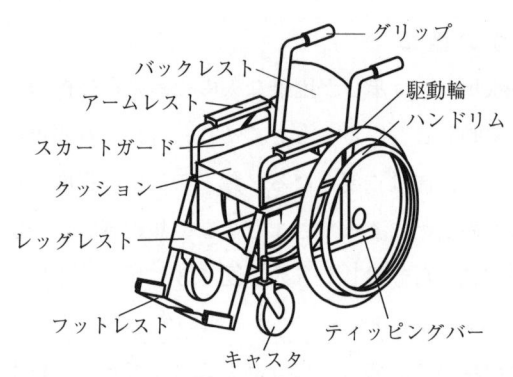

図 4.4　手動車いすの代表的な構造と各部の名称

　日本で普及している手動車いすは保管や運搬のために左右に折りたためる構造となっている製品が多いが，輸入車いすの多くは**固定フレーム式**である．固定フレーム式の特徴は，軽くて強度が高いこと，固い床面での走行特性がよいことである．固定フレーム式では後輪を取り外すことによって自動車に搭載する．**折りたたみ式**は走行中にフレームがたわみやすく，漕ぐ力にロスが生じるため，走行特性は固定フレーム式に比べて劣る．折りたたみ式車いすの座面に布状のスリングが使われることが多いが，車いす上で長時間過ごす人にとってはスリングシートは適さないので，上に適切なクッションなどを使用するべき点に注意を要する．

　フットレストには，はね上げ式や折りたたみ式，側方に回旋するスウィングアウェイ式（**図 4.5**），固定式など各種のものがある．ベッドやトイレへの**移乗**

図 4.5　スウィングアウェイ式フットレスト

の際の方法や障害によって使い分けられる．足が後方に落ちるのを防ぐために**レッグレスト**が使われることもある．**アームレスト**は固定式のものも多いが，はね上げ式や取り外し式を選ぶほうが移乗が容易になる場合が多い．

これらの代表的な構造のほかに，高齢者の屋内移動に適した六輪車いすや，立位姿勢をとれるスタンドアップ式車いす，各種のスポーツ用などの特別な構造を持つ車いすもある．

（**2**）**手動車いすの操作方法**　手動車いすは左右の駆動輪に付けられた**ハンドリム**を漕いで操作する．左右同様に漕げば前進するし，左右逆方向に動かせば旋回する．効率よく前進操作するための漕ぎ方は使用者の能力によって変わる．若年障害者では，腕だけを使うのではなく，上半身を前傾させて体重を乗せるようにすると効率的に漕げる．特に車軸位置が前方にある車いすの場合では，上半身を前傾させずに強く漕ぐと，後方へ転倒する危険性があるので注意が必要である．高齢者などでは上半身を前傾させて漕ぐことが難しい人も多い．一般に，ハンドリムは握りしめるのではなく，親指を除く4本の指で軽く握るのがよい．上級者になると親指の付け根だけで漕ぐようになる．しっかりハンドリムを握ると力が効率的に伝わらないからである．

路面に小さな**段差**がある場合，手動車いすで乗り越える方法は3種類ある（図**4.6**）．非常に小さな段差であれば，平地走行のままで段差に車輪をぶつけて乗り越えることができる（図(a)）．しかしこれが可能であるのは**キャスタ輪**の径に比較して十分小さな段差の場合であり，2〜3cmが限界である上，乗越え時の衝撃も大きい．この方法では越えられない段差は，屋外はもとより屋内にも多い．これより大きな段差を越えるためには，**キャスタ上げ**と呼ばれる操作を習得する必要がある．これはキャスタ輪を持ち上げて駆動輪だけでバランスを取る操作である．キャスタ上げによってキャスタ輪を上の段差に乗せることができれば，5〜8cm程度の段差を越えることができる（図(b)）．慣れればキャスタ上げをした状態のままで段差の乗越えをすることもできる（図(c)）が，体幹の筋力の弱い人や高齢者には難しく，転倒の危険も大きい．キャスタ上げは急な下り坂を降りる際にも使用されるテクニックである．

4. 移動機器

(a) キャスタ輪をぶつけて乗り上げる方法

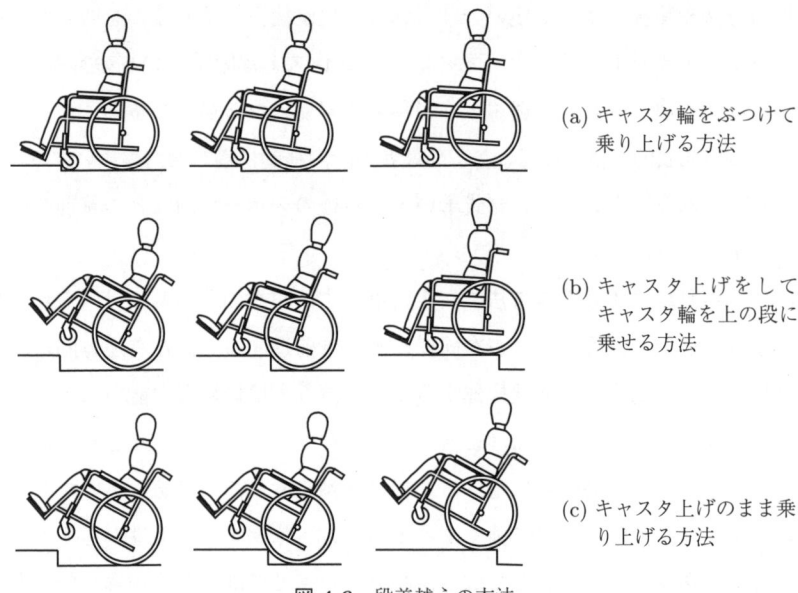

(b) キャスタ上げをしてキャスタ輪を上の段に乗せる方法

(c) キャスタ上げのまま乗り上げる方法

図 4.6　段差越えの方法

　車いす使用者にとっては**移乗動作**も大変重要である。車いすからベッドやトイレ，車などへ乗り移る移乗動作では，その人に合った正しい方法を知らなければ毎日の生活に苦労することとなる。転倒したときのために，床面から車いすに乗る方法も習得しておくことが望まれる。

　例えば，車いす-ベッド間の移乗だけ見ても，車いすをベッドに対して90°方向に付ける方法や，45°方向から移乗する方法，車いすとベッドを平行にする方法などさまざまなやり方がある。アームレストやフットレストなどに移乗のための機能を持った車いすを使っているかどうか，上肢の残存筋力はどうか，移乗する場所の制約，使用するベッドやトイレなどでの配慮により移乗のしやすさが変わる。スライディングボードやターンテーブルなどの移乗用機器を使うことで容易になる場合も多い。

　（3）**手動車いすの選び方**　　手動車いすはその使用者の身体寸法や使用状況に合わせて選択する必要があるが，特に高齢者では自分に合った車いすを使っていない人が多い。適切な車いすを選ばないと車いすの特性を生かしきれずに

移動に制限が生じるだけでなく，最悪の場合には下肢や体幹が変形してしまう。そのようなことのないように移動と座位そして移乗方法を考慮して適切な車いすを選ぶ必要がある。同じ手動車いすといっても，高齢者用と若年障害者用とでは大きく異なる。

車いす寸法の中で座面の幅や奥行き，座面高さ，背もたれの高さや角度，レッグレストの長さ，アームレストの高さなどは，使用者の身体寸法を基に決める必要がある。特に良好な座位を取れるようにすることが重要である（6.2節参照）。例えば座面が長すぎる場合には骨盤が後方に傾いてずっこけ座りになってしまう。特に高齢者にはこのような姿勢で座っている人が多い。逆に座面が短すぎると座圧が分散できず，痛みを生じるだけでなくじょくそう（床ずれ）の原因ともなる。座面幅が狭ければ窮屈だし，広すぎると体幹が左右に安定せず，ハンドリムを使って漕ぐ操作もしにくくなる。レッグレストが短すぎれば大腿部が上がって臀部に体重が集中してしまうし，長すぎれば足が届かなくなる。このように使用者に合った寸法の車いすの使用は，正しく座ることの基本となる。

走行性能には駆動輪の車軸の位置が大きく影響する（図 4.7）。通常のハンドリムを使用する場合では，車軸の位置が前になるほどハンドリムの操作域が広くなって漕ぎやすくなり，また走行抵抗の大きなキャスタに加わる重力成分が減少するために走行抵抗も小さくなる（図 (a)）。しかし車軸が前になるほど不安定になって後方に転倒しやすくなるため，使用者にとって最も適切な位置に設定する必要がある。一般に高齢者などでは安定性を重視する観点から駆動輪車軸は後方に配置するが，ハンドリムを持てる範囲は狭くなって漕ぎにくくなる（図 (b)）。一方上肢や体幹に十分な筋力があってキャスタ上げを頻繁に使用

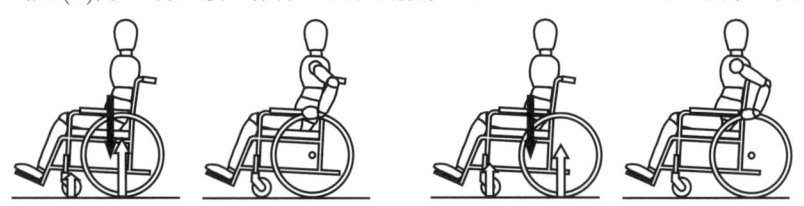

(a) 車軸が前にある場合　　　(b) 車軸が後ろにある場合

図 **4.7** 走行性能への駆動輪の車軸の位置の影響

するような人は，操作性を重視して車軸を比較的前に配置することが多い。

　駆動輪の車軸の取付け角度（**キャンバ角**）（図 4.8）やホイルベース長さ，重心高さ，キャスタなども走行性能に影響を与える。例えばキャンバ角が大きくなるほど旋回性能が上がり，逆に直進性が落ちる。

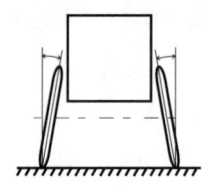

図 4.8　キャンバ角

　このように，使用者に合う車いすを入手するためには数多くの寸法を指定する必要があり，オーダーメイドにせざるを得ない。そのため，価格も高くなり，入手できるまで時間もかかる。場合によっては製作している間に身体特性が変化して，できた車いすが合わなくなった，ということもある。そのため近年は**モジュラー車いす**という新しい考え方が普及している。これは複数の種類やサイズのモジュールパーツを用意しておき，注文によって必要なパーツを選んで組み合わせることにより，使用者に合った車いすを作成する方法である。組み合わせる方法も溶接ではなくボルトで固定するため，使用者の状態の変化に対応して再調整することも可能になった。モジュール式は多品種少量生産となる福祉機器では理想的な方法ではあるが，車いすと義肢・装具以外ではほとんど実現していない。

コーヒーブレイク

　以前の福祉機器は機能優先で，やぼったいものが多かった。しかしいまでは，数十種類の中からフレームの色を選べる車いすなど，デザイン面も考慮されるようになってきた。使用者によっては特別注文で自分の好みの色に塗装したり，機能は悪いけれどもデザインがよいからその車いすを選ぶという人も出てきている。もしかすると将来は，下肢に障害がなくともかっこいいから車いすに乗る人たちが現れるようになるかもしれない！　そのためには町中のバリアがなくなっている必要はあるが・・・。

4.3.3 電動車いすと電動スクーター

手動車いすを使えない四肢麻痺者などでは**電動車いす**（powered wheelchair）を使用する。電動車いすとはモータで駆動する車いすであり，腕の力がなくとも操作可能であるが，モータやバッテリーなどが必要なため重く，車に載せることは容易ではない。屋外用と屋内用があり，屋外用は長時間の使用を考慮して30～40 km走行できるように大きなバッテリーを搭載している（図4.9）。一方，屋内用は小さなバッテリーでよく，小回りが利いて狭いところでも自由に動けることが重要である（図4.10）。操作手段としては，手で操作するジョイスティックが最も普及しているが，そのほかに，あごや頭の動きで操作する方式，ボタンで操作する方式なども選べる。ジョイスティックの操作は意外と難しく，うまく操作するためには練習が必要である。

図4.9 屋外用電動車いす　　図4.10 屋内用電動車いす　　図4.11 電動四輪車

高齢者は通常の電動車いすを使うことは少なく，スクータータイプの**電動三輪車**や**電動四輪車**（図4.11）を使うことが多い。この理由は，電動車いすのジョイスティック操作が高齢者には難しいこと，電動車いすは障害者用であるという先入観があることなどである。乗り降りのしやすいようにいすが回転したり，肘かけが跳ね上がる機種もある。

近年，手動車いすと電動車いすの中間に位置する製品も現れてきた。その一つは**簡易電動化ユニット**と呼ばれる。これは通常の手動車いすに取り付けて動かす電動装置であり，分解も簡単なので車への積載も容易である。小形化のため小さなバッテリーを使用しており，長距離の移動には不向きである。

58　4. 移動機器

またパワーアシスト式車いすも普及しつつある。これはハンドリムに加えられた力を検出してモータが駆動輪を動かす車いすであり，通常の手動車いすと同様の操作方法で，しかも上り坂でも軽い力で操作することができる。下り坂ではブレーキによって自動的に速度が制限されるので安全性が高く，坂の多い場所では特に利用価値が高い。

4.3.4　介助用車いす

自分で手動車いすが操作できない高齢者などでは，介助者が操作する介助用車いすを使用することが多い。介助用車いすの特徴は，介助用のグリップとブレーキ，そしてティッピングバーが付いていることである。グリップの高さは，長時間介助しても疲れが少ないように調節できることが望ましい。まったく自分で操作しない場合には，移乗時に邪魔にならないように小さな後輪を使用する場合もある。小さな段差を越えるときなどでは，グリップに力を加えて持ち上げるのではなく，ティッピングバーを足で踏むことにより，安定して前輪を上げることができる（図 4.12）。介助用車いすにもパワーアシストタイプがあり，坂道でも軽い力で車いすを押すことができる。

図 4.12　介助用車いすでの段差越え

4.3.5　車いす用クッション

日本で多く使用されている折りたたみ式車いすでは座面がスリングシート1枚ということも多いが，これでは正しい姿勢で座ることは不可能である。スリング上に座ると，両膝が合わさって股関節が内旋し，また臀部が前方に滑って

背が丸まる円背(えんぱい)の姿勢になる。このような姿勢は楽でないだけではなく，残存する手足の機能を最大限に生かせない。このような姿勢を長期間とり続けると体がそのような形に変形してしまう。簡易的な場合ならともかく1時間以上座る場合には**クッション**（cushion）を使うべきである。

クッションを使用する目的は二つある。一つは**座位保持**であり，もう一つは**じょくそう予防**である。使用者の状況に応じて，座位保持能力の高いクッションやじょくそう予防能力の高いクッションなどから選ぶ必要がある。座位保持に関しては6.2節で詳述する。

一定時間以上連続して同じ身体の場所に大きな圧力がかかることにより，皮下の血流が阻害され，その結果皮下組織が壊死し，骨が見える大きな穴が開いてしまう疾患をじょくそう（pressure ulcer）と呼ぶ。健常者では一定時間大きな圧力がかかると，無意識に座り直したり身体を動かしたりしてこれを防いでいるが，身体を動かすことが難しい人や感覚障害のある人では無意識に動くことができず，発症してしまう。

1度じょくそうになると完治には長期間かかり，また再発率も高いため，予防が最も重要である。上肢に十分な筋力のある車いす使用者は，アームレストを持って身体を持ち上げるプッシュアップと呼ばれる動作によって定期的に臀部の除圧を図り，じょくそう予防を行うことが可能である。しかし，それでもクッションを使って臀部や大腿部(たい)全体で体重を平均して支えることにより，圧力のピーク値を下げることが望ましい。プッシュアップのできない四肢麻痺(まひ)者では，**リクライニング**（バックレストを倒す）機能や**ティルト**（バックレストと座面の角度を一定に保ったまま両者を倒す）機能を使用して圧力の集中する部位を変える方法もあるが，除圧のためのクッションは必要不可欠である。

クッションにはさまざまな種類がある。低反発ウレタンなど，ウレタンフォームのクッションは軽量で安価であるが，連続して座っているとクッションがつぶれていき除圧能力が低下してしまう特性があるため，注意して使用する必要がある。ウレタンクッションの寿命は半年程度と考えるほうがよい。ウレタン

以外のクッションの寿命も 2〜4 年程度である。

ロホで代表される**エアクッション**（図 4.13）は複数のセルに空気を入れた構造をしており，圧分散性能が高く，世界中でよく使われている。このクッションは，使用者に合わせた空気圧の調整が必要不可欠な点に注意が必要である。空気圧が低すぎると臀部が底に着いてしまい使用効果がでず，逆に空気圧を高くしすぎると堅い板と変わりがなくなり，やはり適切な体圧分散ができないだけでなく，座位保持能力もなくなるからである。

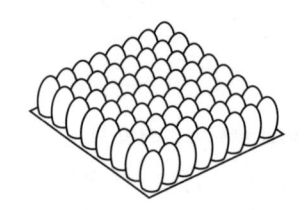

図 4.13 エアクッション

同じ流動体を使った方式として水を使ったウォータクッションもあるが，エア式よりも穴が開いたときの問題が大きい点とその重さから，あまり使用されていない。高粘度ゲルを使ったクッションもよく使用されている。粘性が高いためにエア式のようにふわふわせず，振動があっても座り心地はよいが，重いことと，体温伝達能力が高いので夏にはよいが冬には冷たく不快な点が欠点として挙げられる。臀部に合わせた形状を持たせて全体に圧力を分散させるクッションもある。

多くの人に合う標準的な形のクッションは，じょくそう発生リスクが比較的低い人に向いている。一方，使用者個人に合わせて形状を作成するクッションもある。使用するクッションカバーも重要で，適切でないカバーを使用するとそのクッションの特性を生かせなくなる場合があるので注意が必要である。

4.4 移 乗 機 器

4.4.1 移乗機器とは

車いすからベッドやトイレなど，違うところに乗り移ることを**移乗**（transfer）

という。移載という用語も使われることがあるが，意思と無関係に荷物のように扱われる印象がぬぐえないため，あまり好ましくない。自立して移乗するには体重を支える筋力が必要であり，自立が難しい人は多い。移乗時に転倒・転落する事故も多発している。介護の際にも体重を支える負担が大きく，介護者が腰痛を引き起す主たる原因となっている。英国などでは1人での移乗介護を禁止しており，2名以上で移乗介護しなければならないが，日本では介護者の数的余裕もないため多くの介護者が1人で移乗介護をしているのが現状である。日本では**寝たきり高齢者**が多いといわれるが，そのほとんどは毎日ベッドから車いすへの移乗介護をすれば防げた人たちであり，その意味で「寝たきり」ではなく「**寝かせきり**」ともいわれている。移乗の負担がなくなればほとんどの寝たきりはなくせるのである。

移乗では特にその方法の巧拙が大きく影響し，下手な場合には上手にした場合の数倍の力が必要になることもある。**ボディメカニクス**（body mechanics）と呼ばれる人体に関する力学を基に，正しい方法を理解する必要がある。また人間の身体には体重をかけてよい部分と体重を支えるべきでない場所がある点も注意を要する。例えばわきの下には皮膚のすぐ下に重要な神経や血管が通っているので，わきの下で体重を長時間支えることは避けなければならない。

4.4.2 リ フ ト

リフト（lift）は，**リフタ**または**ホイスト**（hoist）とも呼ばれる代表的な移乗機器である。リフトの種類には，床走行型，天井走行型，固定型などがある。いずれもスリングやベルトと呼ばれる吊具を用いて身体を持ち上げて移乗を行う。使用するリフトの選択の際には，使用者の身体の状況，住宅様式や同居家族などの生活環境，経済状況などを総合的に評価して決定する必要がある。いずれも吊り上げられた状態が不安定であるために使用者が不安感を持つこと，操作が面倒で時間がかかることなどが課題であるが，リフトよりも優れた移乗装置はほとんどないのが現状である。

床走行型リフト（図**4.14**）は，床面を車輪で移動する形式の介護用リフトで

4. 移動機器

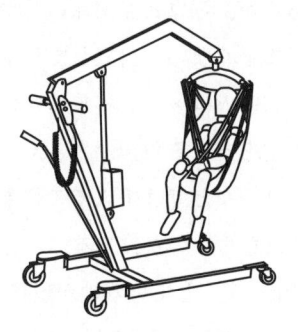

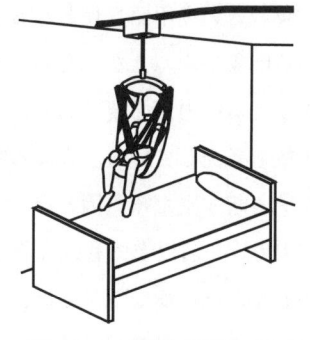

図 4.14　床走行型リフト　　　図 4.15　天井走行型リフト

ある。昇降は電動が多いが，手動油圧式もある。10〜20万円前後と安いことと，大きな住宅改造をしなくても使用できる特長がある。一方，車輪が小さく，人を吊り下げると重心が高くなるので，敷居などの小さな段差でも転倒する危険性がある。床材によって使いやすさが異なり，フローリングでは軽い力で移動可能であるが，畳やじゅうたんでは移動しにくい。装置が大きくて使用しないときには邪魔になる点も問題であり，折りたためる機種もある。正しい使い方を覚えることは重要で，例えば安全のためと考えブレーキをかけたまま移乗介護している場合も多いが，これは間違った使い方である。ブレーキをかけずに使用すれば，リフトと車いすの位置が多少ずれていても，自然に適切な位置関係に動いてくれるからである。

天井走行型リフト（図 4.15）は，天井に設置したレールに沿って移動するリフトであり，介護用のほかに身体状況によっては自立用にも使用可能である。自立用では移動も昇降も電動のものを使用するが，介護用では手動のものも使われる。天井のレールは分岐もでき，ベッドから浴槽やトイレなどに向けてレールを設置することが多い。通常の住宅の天井はこのような重量負荷には耐えられないので，新築時に設置した場合を除いては住宅改造が必要であり，賃貸住宅の場合にはほとんど設置不可能である。価格は設置する広さによっても異なるが，最低でも200万円以上かかると考えるべきである。1度設置すると変更は容易ではないので，移乗動作をよく考えてレール位置を決める必要がある。

4.4 移乗機器

浴室など湿気が多い環境でも使われるので故障しやすく，定期的なメンテナンスが不可欠である。

固定型リフトは，浴室やベッド，玄関，駐車場など移乗が必要な場所に設置された移動できない介護用リフトである。昇降は手動と電動のほか，浴室で使用される水圧式がある。床や柱などに固定するので大きな住宅改造が不要である。

吊具（sling，スリング）には，脚分離型，シート型，ベルト型などがあり，被介護者の症状や介護者の身体機能，生活方法などによって選択する必要がある。1種類の吊具ではなく，使用条件によって使い分ける必要がある場合もある。

脚分離型（**図4.16**）は，2本の脚を支持するために分かれた形状になっている適用範囲の広い吊具である。車いす上での着脱も容易で，吊り上げられたときの安定感もある。脚分離型の吊具には頭部まで支えるハイバック型と背中までのローバック型とがある。シート型は身体全体をシートで包み込むようにして持ち上げる吊具である。車いす上での着脱が難しいため，車いす上ではシートを敷いたままで座り続けることになる。重度障害者も含めて安定して吊り上げることが可能だが，着脱の作業負担は最も大きい。

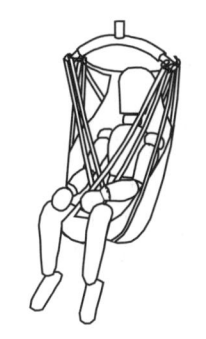

図4.16 脚分離型スリング
（ハイバック型）

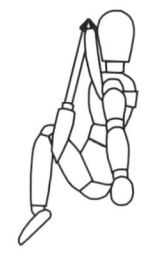

(a) 正しいベルトの使用状態　(b) 不適切なベルトの使用状態

図4.17 ベルト型スリング

ベルト型（**図4.17**(a)）は，2本のベルトで肩の下および大腿部を支える吊具である。着脱が最も容易である点は便利だが，吊り上げたときの安定感は悪く，臀部が落ちて肩に大きな負担がかかったり（図(b)），落下したりする危険性がある。そのため比較的障害が軽度な人に向く。

4.4.3 そのほかの移乗機器

自立用移乗機器としては，スライディングボードやターンテーブルがある。スライディングボード（図 **4.18**）は座った状態で臀部を横に滑らせることによって移乗する機器である。ほぼ同じ高さの場所間での移動で，途中に邪魔になるものがない場合に使用できる。車いすではアームレストや駆動輪が邪魔になる場合があるので，利用できるかどうかあらかじめ確認する必要がある。スライディングボードの上面は滑りやすい素材，底面は滑りにくい素材が使われている。座った状態なので比較的安定して移乗できるが，使い方を誤ると転落の危険性がある。ターンテーブルは，2枚の円盤が回転する構造のもので，足や腰の下に入れて体重をかけた状態で姿勢の向きを変えるために使用される。

そのほかの介護用移乗機器としては，身体を完全に吊り上げることなく，足裏

図 **4.18** スライディングボード

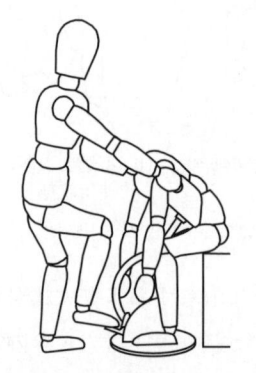

(a) 胸腹部と足とで体重を支える方式 　(b) スリングで座位姿勢をとる方式

図 **4.19** 足裏を着けた状態で移乗させる機器

4.4 移乗機器　65

を着けた状態で移乗させる機器（図 4.19）がある．利点としては，全体重を支える必要がないので小さな力ですむ点と，安定している点が挙げられる．上半身を前傾させて胸腹部と足とで体重を支える方式（図 (a)）や，臀部にスリングを当てて持ち上げ，座位姿勢または立位姿勢をとり移動する方式などがある（図 (b)）．

　足裏を着ける方法では，膝の固定に注目する必要がある．介護者が 1 人で立上り介助動作をする場合，図 4.20 (a) のように介護者は両膝で被介護者の膝をはさみこむと，大きな力を使わずに楽に介助できることが知られている．さもないと，被介護者の全体重を支える大きな力で真上に持ち上げない限り，膝ではなく足関節が回転し，膝が前に出て崩れ落ちてしまうからである．移乗が必要な人はおおむね膝の伸展筋力が弱いためにそうなる場合が多い．

(a) 介護者による膝の固定　　(b) 機器を使った膝の固定

図 4.20　立上りにおける膝あての効果

　足裏を着けて使用する介護用移乗機器の場合でも，腰を持ち上げる際に膝あてを必要とする機器が大多数であり（図 (b)），安定性に関係する．図 4.19 (a) に示した機器には膝あてはないが，必要な人にはオプションで付けられるようになっている．このような機器では，若年者では無意識に膝の筋力を使ってしまうため，実際に膝の筋力が弱っている人で試さないとその有効性は正しく評価できない．

4.4.4　移乗機器の問題点

　上記の移乗機器のようなものはあるが，残念ながらそれほどは利用されておらず，いまだに移乗介護は多くの問題を抱えている．移乗機器は単に被介護者の体重を支えるだけの機器ではない．どこに問題があるかをきちんと把握する

ことは大変重要である．家庭用と施設用とに分けて問題点を整理する．

狭い日本の家屋内において求められている移乗機器は，安くて小型軽量で高齢者にも使いやすい機器である．1日に数回程度しか使用しないのに，高価な機器はなかなか購入できない．長期間利用することが明らかな若い障害者の場合を除いて，天井走行型を使うために住宅改造までしようとは思わないのが普通である．また，狭い寝室に大きなリフトがあれば邪魔である．専門家ではない家庭内介護者にとっては，使いにくい機器では使いこなせない場合が多い．

一方施設内の介護の場合にはまったく異なる．施設で求められるのは介護効率，つまり一定時間にどれだけの介護作業ができるかということである．例えば施設の朝は介護者にとって最も忙しい時間である．入所者を起す，移乗，おむつの交換，食事の世話などの作業を短時間に行わなければならない．そのような際に吊具をかけて使うような移乗機器では，例えば1人の移乗に準備から含めて5分もかかるようなら，面倒で使ってもらえない．腰痛などの問題はわかっていてもついつい人手で持ち上げて移乗すれば，1分もかからないからである．1人ならば大した差ではないようだが，20人の移乗介護をしたらその差はとてつもなく大きい．

4.5 福祉車両

福祉車両と呼ばれるものには，障害者・高齢者を送迎するために乗込みやすくした車と，障害者が自ら操縦するための車とがある．日本では主要自動車メーカはどこもこれらの福祉車両を販売している．

施設などの送迎用に，複数の車いすユーザを乗せることができるバンタイプないしマイクロバスタイプの車では，車いすを載せる構造に特徴がある．電動リフトを使用する方法では，車の後方ないし側方に車いす昇降リフトを取り付け，車いすを載せる（図 **4.21**）．一方，スロープを使用する方法は，車高を低くしたり車体を傾けたりすることでスロープを使いやすくする．いずれも，車いすの固定装置があることや，車いすに乗ったままでも頭がぶつからない高さ

4.5 福祉車両

図 4.21 リフト付福祉車両

図 4.22 回転シート付福祉車両

の天井となっていることなども特徴となる。

個人用の車両では，座席が回転したり車外まで出てきて，車いす使用者や足の悪い人の乗り降りをしやすくした車がある（図 4.22）。車いすの収納のために，トランクルームに車いす用リフトを取り付ける場合もある。

車いす使用者にとってはまだまだ公共交通機関は使いにくい。そのため，車いす使用者の自立のためには，自動車が運転できることは重要な意味がある。この場合，低下した機能を補うために**運転補助装置**が使用される。両下肢が使用できず上肢は使用できる車いす使用者の場合，アクセル・ブレーキ操作を左手で行う運転補助装置を使用する（図 4.23）。この運転補助装置を付けたままでフットペダルも使用できるので，通常の自動車操作も可能である。ステアリング操作は右手だけで行うため，持ち替えをしなくてすむようにハンドルにノブを付けて，それを持って操舵する。両上肢が使用できず下肢が使用可能な人のために，下肢で運転するための補助装置もある。これらの装置が故障すると

┌─ コーヒーブレイク ─────────────────────────

いまやモーターショーでも福祉車両が展示されるほど，自動車業界にとって福祉車両は重要視されている。しかし，では実際に福祉車両で儲かっているかというと，それほど台数が売れるわけでもなく，どこも儲かっているどころか赤字のはずである。しかし，福祉車両への取組みによって企業イメージが上がれば，トータルに見ればプラスであると判断しているのである。自動車業界に限らず，大企業にとっては福祉機器で儲けることは難しい。

└────────────────────────────────────

4. 移動機器

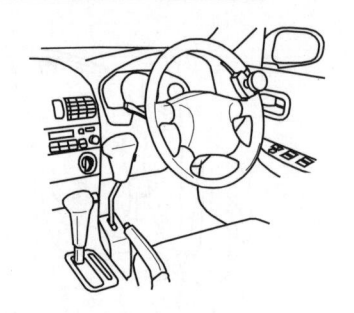

図 4.23 運転補助装置

大変危険なため信頼性が特に重要であるが，走行中に突然ブレーキが外れなくなるなどの故障例もあると聞く．

車いす使用者がこのような自動車を使用する場合には，車いすから運転席に移乗する必要があり，この移乗動作をきちんと習得することが重要である．移乗後の車いすは，運転席の背もたれを倒した状態で身体の上を通して車内に入れることが多い．車いすを持ち上げることが困難な場合は，車内に車いすを吊り上げるリフトを設置する．自動車の屋根の上に格納する装置もある．

面倒な車いすからの移乗はやめ，車いすごと運転席に乗り込む方式の自動車もある．車いすがきちんと固定されないと事故の際に危険であるという観点からこれまで認可されなかったため，日本では普及が遅れているが，欧米では一つの有望な選択肢となっている．

章末問題

【1】若年障害者用車いすと高齢者用車いすの違いを整理せよ．
【2】介護ショップ，展示場などで実際に車いすを操作し，体験してみよ．斜面の走行，小さな段差の乗越えなど，試すことができるならばいろいろやってみよ．
【3】介護ショップ，展示場などで実際にリフトに乗ってみよ．スリングやベルトで吊り下げられるときにどう感じるか体験してみよ．

5 コミュニケーション機器

5.1 AAC

5.1.1 AAC

AACとは augmentative alternative communication の略であり，日本でもそのまま AAC と呼ばれることが多いが，**拡大代替コミュニケーション**と呼ばれることもある。拡大コミュニケーションとは低下したコミュニケーション能力を補うことを意味し，代替コミュニケーションとは通常とは異なる方法でコミュニケーションを図ることを意味する。すなわち AAC とは，発話や書字に問題のある障害児・者の残存能力を生かして，なんらかの方法でコミュニケーションを実現することである。AAC とは，単に技法のみを指す言葉ではなく，自己決定権など自立の実現を目指す思想や概念までをも含んだ言葉である。

AAC の対象は肢体不自由者に限らず，あらゆる障害者に対するコミュニケーション補助を含んでいる。しかし，視覚障害者や聴覚・言語障害者については 2, 3 章に譲り，本章ではおもにコミュニケーション障害を持つ肢体不自由児・者に対する AAC について述べる。

5.1.2 意思伝達装置

現在の福祉理念の中心である自立の実現において，意思表出のできない重度肢体不自由者の場合には，自らの意思を介護者や家族らに正確に伝えることは特に重要である。機器を使用せずに意思を伝達する方法としては，介護者の質

間に対して残存機能を使って Yes/No で答える方法があるが，自発的な意思を伝えられないという問題がある．口形（こうけい）を読み取ったり，指先などを使って空中や手のひらなどに書いた文字を読み取ったりする方法もあるが，これらの読取りは容易ではなく，複雑な内容を伝えることは無理である．

また視線が動かせる人に対しては**透明文字盤**という方法もある．これは，五十音配列を書いた透明な板を介護者が障害者との間に持ち（**図 5.1** (a)），障害者の視線の指す文字を透明な板越しに読み取るものである（図 (b)）．使用に慣れが必要なのと，読取りに時間がかかる点が問題であるが，簡便なのでいまもよく使用されている．慣れると 1 分間で 10 文字程度の文字を伝えることができる．

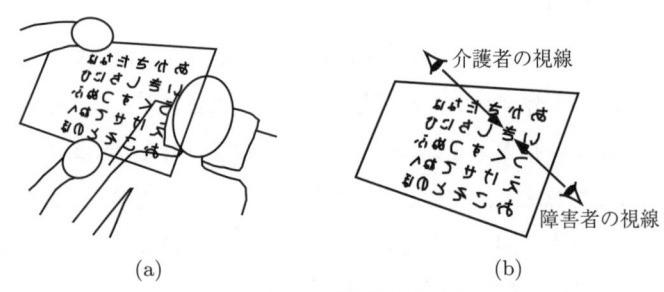

図 5.1　透明文字盤

意思伝達装置は，コンピュータ技術を使って意思を伝えるための装置であり，1) 文章作成，2) 保存・読出し，3) 音声出力の機能を持つ．文章を作成する方法には，1) 直接入力，2) スキャン法，3) 記号化法の 3 種類があり，使用者の特性に合わせて選ぶ．

直接入力とは，キーボード上の文字をそのまま入力する通常の方法であり，上肢機能または下肢機能で入力するのが一般的であるが，そのほかにもヘッドスティックやマウススティック（5.2.2 項参照），視線入力，光ポインタなどを使って直接入力する方法もある．

スキャン法とは，複数の中からシステムが適切な選択肢を指し示したときにそれを選択する方法であり，自動スキャン法とステップスキャン法とがある．

自動スキャン法とは，スキャンをシステムが自動的に行う方法であり，一つのスイッチ操作であらゆる選択が可能であるために，残存機能の乏しい重度障害者にも便利な方法である（図 5.2）。スキャン速度は使用者に合わせて調整できると便利であり，速い人は 0.5 秒以下のスキャン速度で操作する。

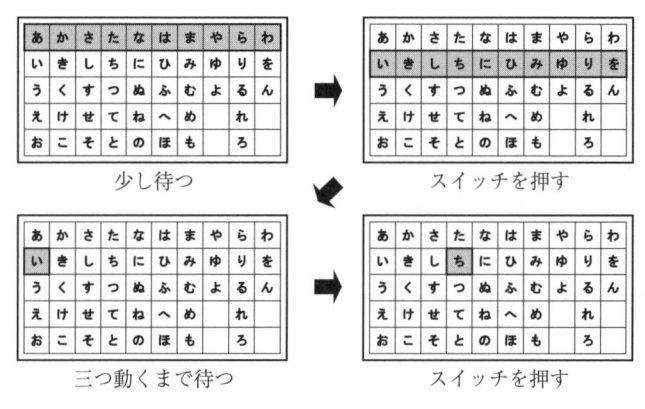

図 5.2 スキャン選択方式（自動スキャン法）

これに対してステップスキャン法とは，使用者自身がスキャンを行う方法であり，一定時間以上スキャン操作しないことによって確定する方法と，二つめのスイッチを使用して選択する方法とがある。いずれにしてもスキャンの時間がかかるために入力速度が遅いのが欠点である。

記号化法は，例えばモールス信号のように，記号化されたコードを入力する方法である。スキャン法に比較して入力速度は速いが，記号を覚える必要があるため初心者向きではない。

意思伝達装置の一種で特に上肢の軽度・中度障害者のための発声補助装置を **VOCA**（voice output communication aids）と呼ぶ。携帯可能で音声出力が付いた意思伝達装置と思うとわかりやすい。

意思伝達装置の最大の課題は入力速度である。そのためこれを改善する試みがいくつかなされている。一つは，例えば「パソコン」を「パソ」とするように，ユーザがよく使う語を独自の略語で表して入力語数を減らす方法である。

二つ目は，単語予想機能と呼ばれるもので，始めの2，3文字を入力すると過去の入力履歴を参照してその後に続く可能性の高い単語や文節を選択肢として挙げる方式である。よく使用される語は入力回数を大幅に減らすことができる。最後に，登録機能がある。これはよく使用する文章をあらかじめ登録しておいて，必要なときに呼び出す機能である。

5.1.3 絵文字を用いた意思伝達

日本語文字が使える人は上記のような文字による意思伝達装置が使用できるが，例えば就学前の障害児や知的障害児など文字を理解できない人たちには使用できない。特に障害児の発達においてコミュニケーションは大切な役割を持つため，障害児へのAACは重要度が高い。このような人たちでは**絵文字（シンボル）**による方法が使われる。

シンボルは表現されるものと類似性がある記号体系であり，文字が使用できない児童でも覚えやすい。Blissymbol，PIC，PCSなどの10を超えるシンボル体系が欧米で提案されており，その一部は日本でも使用されている。名詞だけでなく動詞や形容詞などもシンボルで表現され，一つの体系で用意されているシンボル数は数十から数千に及ぶものまである。これらのシンボルをキーボード上に配した意思伝達装置も使われている（図**5.3**）。一つのキーボード上に設置できるシンボル数は数個から十数個が普通であり，表現できる内容は限定されるが，キーボード上のシンボルのシートを交換することでさまざまな表現が

図 **5.3** シンボルを使った意思伝達装置

できるようにしたものもある。

5.2 コンピュータ入力装置

　障害者のコミュニケーション能力が大幅に広がる点で，コンピュータを使えるようになることは大きな意味がある。寝たきりの重度障害者であってもパソコンとインターネット環境さえあれば全世界の人たちとメールで話ができる。また絵を描いたり小説を書いたりなどの知的・創造的活動を通して生きがいを得ることもできるし，就労の手段ともなり得るなど，単にAACのみならずさまざまな面から自立や社会参加に役立つ道具でもある。

　ただし現在のパソコンは，ハングアップして使えなくなってしまうことがよくあったり，ウィルスに感染したりなど，身近にパソコンの最低限の知識を持っている人がいないと使いこなせない場合も多い。このため現状では，だれにでもコンピュータの使用を薦められるわけではなく，同居家族や介護者の理解が必要である。特に施設や病院では介護・看護者に面倒がられて導入できないケースも多い。

5.2.1　アクセシビリティ指針

　このような便利な道具であるコンピュータを使うためには，その障害によってさまざまな工夫が必要であるが，その中でもよく使われる機能をあらかじめコンピュータに用意しておけば便利である。そこで，コンピュータを障害者や

コーヒーブレイク

　意思伝達がうまくできない重度障害者のところへ行くと，たいていの健常者はその人を無視してしまい，介護者だけに挨拶をする。こういうことをしてしまうと障害者は不満感をつのらせ，信頼関係が損なわれてしまうことが多い。意思伝達ができない人であればあるほどその人の人格を尊重し，その人の目を見てきちんと挨拶をすることから福祉は始まるのである。

高齢者を含めてだれでもが容易に利用できるようにすること，すなわち**アクセシビリティ**（accessibility）を実現するために，日本でも JIS X 8341 に高齢者障害者等配慮設計指針が策定されている。例えば，現在使用されている代表的なパソコン用 OS には，アクセシビリティを保証するさまざまな機能があらかじめ用意されている。

一方，アメリカでは**リハビリテーション法 第 508 条**によって，連邦政府が調達・使用する情報処理関連製品や，一般市民に提供するすべての情報・サービスに対して，それが過度の負担でない限りアクセス可能にすることが義務付けられている。日本でも，現在の強制力の伴わない指針から，アメリカのように義務化へと向かうべきであろう。

5.2.2 通常のキーボードによる入力

上肢に機能障害があるが頭は動かせる障害者がパソコンやスイッチ類を操作する際には，マウススティック（図 5.4）やヘッドスティック（図 5.5）などのローテク機器が使われることも多い。ヘッドスティックは頭部に取り付けたヘッドギアやヘアバンドに長い操作用の棒を取り付けたものである。マウススティックは，マウスピースに長い操作用の棒を取り付けたものである。ヘッドスティックは自力で取り外しはできないが，マウススティックは不要なときは外しておける。ただしマウススティックは歯やあごへの負担が大きく，歯形に合わせたマウスピースの製作が望ましい。

手に**振戦**（震えること）があって隣のキーを入力してしまう人には，キーガー

図 5.4 マウススティック　　　　図 5.5 ヘッドスティック

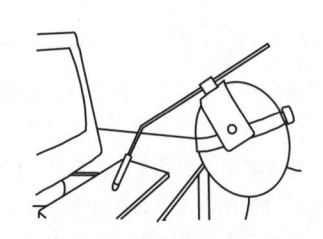

ドが便利である．これは各キーのところに穴が開いているキーカバーであり，隣のキーを押してしまうのを防ぐ．指先の細かい操作ができないが肩が動く人の場合には，手に**自助具**を付けて入力する．また片手などしか使えないためにShift キーや Ctrl キーなどとほかのキーを同時に入力できない人は，最近のパソコンの OS に用意されている機能を使って，Shift キーや Ctrl キーなどを先に押してからほかのキーを押すと同時に押したことになるような設定をすることができる．キーをうまく放せず，押し続けてしまってキーリピート機能が働いてしまう人には，キーリピート機能を外すように設定することもできる．

5.2.3 代替キーボードとキーボードエミュレータ

通常のキーボードが使えない人には特殊なキーボードを使う入力方法もある．例えば，手指の細かい動きは苦手であるが肩の大きな動きができる人には大型キーボードが適している．一方，肩や肘の機能には制限があるが，前腕をテーブルに置けば指先の細かい作業は可能な人にとっては，小型キーボードが使いやすい．上肢での入力が困難な人に対しても，頭部に取り付けたレーザからの光を一定時間連続して特定のキーに照射することでそのキーが ON になる光キーボードや，足で操作するマウスなども市販されている．

ただし，これらのキーボード類はコンピュータの抱える大きな問題を含んでいる．すなわち，IBM，Mac，UNIX などさまざまなコンピュータは，つい最近までそれぞれ異なるインタフェースを用意していた．また数年ごとに主流となる新しいインタフェース規格も出現している．このためキーボード類もマシンごとにまたは時代ごとに新しいインタフェースを搭載せざるを得ないが，もともと使用者の少ないこのような機器では，ほかのコンピュータ周辺機器と同じようには最新インタフェースへの対応はできないでいる（図 **5.6**(a)）．

多くの場合，キーボードや入力装置側がそれぞれのコンピュータに対応したインタフェースを用意することは容易ではない．現在のコンピュータでは USBインタフェースが共通的に広く使用されているが，まだ特殊キーボードなどで USB インタフェースを有するものは少ない．しかも USB がいつまでも主流で

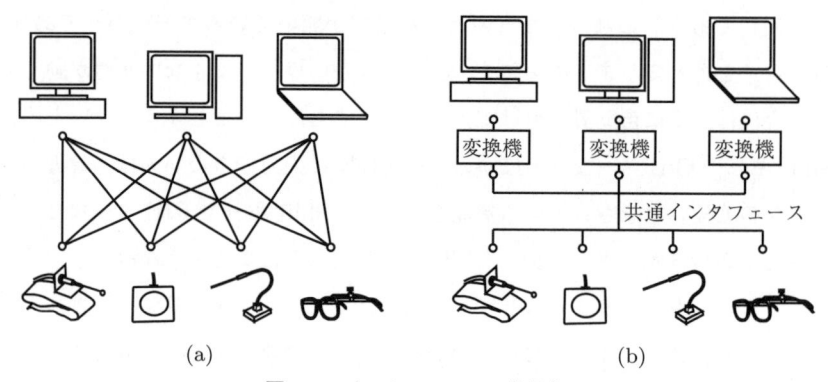

図 5.6 インタフェースの共通化

あるとは限らず，数年後には新しい規格が主流になる可能性が高い。これを解決するアイデアとしては，インタフェースの共通化が挙げられる。

例えば，各キーボードには共通のインタフェースを持たせ，各マシンの固有のインタフェースとこの共通インタフェースとをつなぐ接続装置を用意する考え方である（図(b)）。このような共通規格として，GIDEI（general input device emulating interface）や TAS（total access system）などが提案され，一部では装置も市販されているが，まだ広く普及するまでには至っていない。

もう少し重度で，せいぜい一つから四つ程度のスイッチしか操作できない人であっても，**キーボードエミュレータ**を使用してコンピュータを操作することができる。これは，一つないし数個のスイッチを使い，5.1.2項に述べたスキャン法や記号化法を使用してキーボードの代わりをするものである。専用のハードウェアを利用する方法もあるが，現在はソフトウェアキーボードが一般的である。これは，パソコン画面上に表示されるキーボードであり，最新のOSには標準的に搭載されている。

5.2.4 スイッチ

肢体不自由者が残存機能を使って一つないし複数の**スイッチ**が操作できれば，パソコンのみならず，家電製品や電動遊具などさまざまなものを操作できるようになる。スイッチを操作する部位としては，頭，あご，肩，肘，指先，膝，足

先，まぶたなどがある。使用者ごとに試してみて，**不随意運動**がなく，確実に操作できる場所を選ぶとよい。スイッチの設置の際にはグースネックと呼ばれる自在に曲がる固定具（図 **5.7**）やスタンドで位置を調整したり，マジックテープを使って固定したりするとよい。

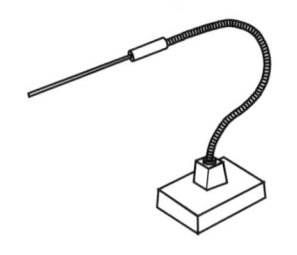

図 **5.7** グースネックで支持した呼気スイッチ

　スイッチには，一定以上の力を加えて入力するプッシュスイッチ（図 **5.8**），ほとんど力は不要で触れるだけでよいタッチスイッチ（図 **5.9**），光や磁気などを使って動きをとらえる非接触型スイッチ（図 **5.10**），空気圧スイッチ，ジョイスティックなどさまざまなものがある。空気圧スイッチの代表例は**呼気スイッチ**で，スイッチを口にくわえて息を吸ったり吐いたりすることで入力する（図 5.7）。カメラ用のブロワを使った空気圧式プッシュスイッチ（ブロワスイッチ）は，操作感がやわらかく，簡易に作れるのでよく用いられる（図 **5.11**）。

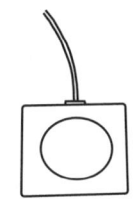

図 **5.8** プッシュスイッチ

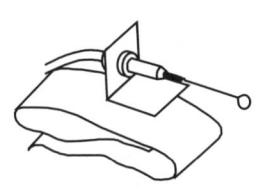

図 **5.9** タッチスイッチ

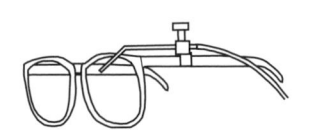

図 **5.10** 光を使ったまばたきスイッチ（非接触型スイッチ）

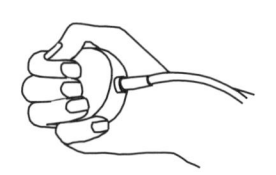

図 **5.11** ブロワスイッチ

スイッチを選ぶ際には作動力の大きさに注意が必要である。特に重度の麻痺者では数十グラムの作動力でも操作が難しい人がおり，タッチスイッチや非接触型スイッチを使うとよい。一方，不随意運動のある人では，ある程度作動力の大きいスイッチのほうが意図せずに操作してしまうことがなく，確実に操作できる場合がある。

スイッチからの信号線は邪魔になることも多いので，無線で接続することもあるが，利用の際には注意が必要である。特にナースコールのようにその信号がきちんと伝わらないと生死に関わるような重要なスイッチの場合では，無線では確実に送受信できるかどうか不明確なため絶対に使用してはならない。このような場合には断線を検知できる有線で接続すべきである。

5.2.5 頭と眼の動きによる入力

手足の動かない四肢麻痺者にとっては，頭や眼の動きは有力な入力手段となる。頭の動きを使用する方法としては，前述のヘッドスティックのほか，下あごでジョイスティックを操作する方法，後頭部や側頭部に設置したスイッチを押す方法，光や磁力，超音波などで頭の動きを測定する方法などがある。

例えば光を使用した方法では，額にマーカを貼り，光を当てて反射する方向から頭部の動きを検出する**ヘッドマウス**と呼ばれる製品がある（**図 5.12**）。磁力や超音波を使用した方法では頭部にセンサ類を取り付ける。マウスのクリック入力は，頭部の動きとは違う部位で行うことが多い。

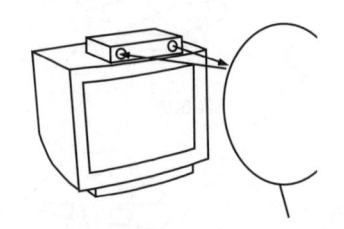

図 5.12　ヘッドマウス

原因不明の難病である ALS（筋萎縮性側索硬化症）では，最後には眼球運動を除く運動がすべて麻痺するといわれていることから，視線を入力手段とする方式は以前より研究がなされ，近年では装置も市販されている。視線を検出す

5.2 コンピュータ入力装置

る方式としては，1) 撮影した黒目の映像を画像処理して求める方法，2) 眼球に弱い赤外線を当て，その反射光の方向から求める方法，3) **眼電図**から求める方法，の3種類が主である。このうち眼電図とは，眼球が帯電していることから，眼の上下左右の皮膚に電極を貼って測定できる電位であり，これから視線が求められる。しかし，電極を長期間皮膚に貼り続けるとかぶれてしまうので，日常生活で毎日使用するのは難しい。

これに対してカメラを使う方法は，姿勢を変えた際に絶えずカメラが眼球を捕えていることが必要不可欠である。例えば寝たきりの人ではじょくそう予防のためなどに定期的に体位変換を行うが，そのたびごとにカメラの位置を再調整するのでは介護者の負担が大きい。カメラが眼球を自動的に追尾することは技術的に難しくないが，実用上は介護者が間に入ってしまって追尾できなくなるなど，コストをかけるわりにはそれですべて解決できるわけではない。

視線入力を使う場合は多くの注意点がある。まず，視線による入力は疲労しやすく，視線以外を使える場合にはほとんどのケースで視線は使わないほうがよい。視線は日常生活で頻繁に動かしており，それが意図した入力操作なのか，単に視線を動かしただけなのかを明確に分離できる必要がある。一定時間以上視線を固定しておくと ON になるようにすることもできるが，眼精疲労やドライアイを生じやすく，日常的な長時間の使用には適さない場合も多い。

また，眼球ぐらいしか動かせない人にとって，日常生活で TV や部屋や庭な

コーヒーブレイク

ある企業に依頼されて，視線入力装置の試作品を実際のユーザに評価してもらおうとしたが，評価にまで至らなかったことがある。なぜなら，使う前に介護者が毎日パソコンを操作して，いくつかのファイル操作をしてからでないと始められないようなソフトウェアになっていたからである。その企業の技術者は，「便利になるのだから，介護者も使用者もこのくらいのパソコンの知識は習得するのが当然でしょう」というのであった。自分ができるから他人もできて当然である，と考えている限り，この企業の製品がユーザに使われることはないだろう。他者の立場に立って考える能力の欠如している人は，福祉に携わらないほうがよい。

どの様子，家族の顔などを見ることはたいへん重要な意味がある。そのため，視線検出を理由に視野を狭めるようなことがあってはならない。

5.2.6 音声認識

音声は伝達できる情報量が多く，使用に際して特別な練習が必要ないため有効な入力手段である。しかも近年は安価に市販の**音声認識**ソフトが利用可能になった。しかし，音声認識を使用した福祉機器の実用化例は少なく，**環境制御装置**や屋内用電動車いすなどで実用化されているだけであり，それらもほとんど普及していない。

音声認識が使われない最大の理由は誤認識である。特に誤認識でベッドや電動車いすが突然動きだして怖い思いをした人は，まず二度と使わなくなるという。誤認識は環境音の影響が大きいので，できる限り静かな環境で使用することが望ましい。またマイクをできるだけ使用者の口元に近づけることや，のどにマイクを固定する方法も有効である。

しかしどんなに対策をとっても誤認識を完全になくすことはできず，数％程度の誤認識は現在の技術レベルでは避けられない。音声認識に誤りがあっても誤動作にならないように入力結果を毎回確認する方法もあるが，そうすると操作性が低下してしまい，使うのが面倒で役に立たないという問題がある。

例えば，音声で操作する車いすは海外で発売されているが，誤動作を考慮して極端に遅い速度でしか動かない。どうしても音声でないと操作ができないという人以外には実用性は低い。しかし発話が可能ということはあごや舌などが動き，また呼吸ができるということであり，誤動作を考えると，それらの動きを使った操作のほうが確実で実用的な場合がほとんどである。

5.2.7 脳波による入力

どこもまったく動かせる部位がなかったとしても，**脳波**で意思を伝え，またはパソコンを操作できればいいかもしれない。このアイデアは **BCI**（brain computer interface）と呼ばれてさまざまな研究がなされている。ある程度意

思が取り出せるという研究成果は出ているが，高価な機器が必要なわりに確実性は低く，実用になるのはまだ先であろう。

実際，脳波には意思に関わるものもあるが，意思以外の脳波から意思だけをどのように分離すればよいかはまだ明らかになってはいない。脳波による障害者用入力装置が売られているが，試してみたが使えなかったという人は多く，どの程度実用に耐えるかは疑問がある。脳波ではなく，脳血流を測定することによってスイッチにする試みもなされている。

5.3　環境制御装置

寝たきりなどの重度肢体不自由者が屋内の家電製品などを操作するための装置を**環境制御装置**（ECS）と呼ぶ。環境制御装置で操作される機器としては，部屋の電灯，テレビやAV機器，エアコン，扇風機，電動カーテン，電子ロック錠，ギャッチベッド，電話やインタホン，ナースコールなどがある。おもな対象者は，身体の一部が動く程度の重度肢体不自由者で，高位頚髄損傷者，脳性麻痺者，脳血管障害，神経・筋疾患者などである。

テレビなどのAV機器やエアコンなど，赤外線リモコンで操作する機器は，リモコンと同じ赤外線信号を送って操作する方式により，簡便にその制御を実現できる。この赤外線による制御信号は会社ごとに異なるので，使用している機器の会社・機種に合わせて設定する必要がある。または学習型リモコンを使ってリモコンの赤外線信号を読み取り，同じ信号を出すことによっても実現できる。

この赤外線による方法は設置が容易で移動も簡単である。一方，赤外線信号がその機器に直接当たる位置関係にある必要があり，間に障害物があったり隣の部屋にあると操作できない点が欠点である。また直射日光などの影響を受けてうまく操作できないこともある。

照明器具など，電源のON/OFF操作だけで足りる機器では，制御対象が近くにある場合には，環境制御装置で直接リレーを操作することにより実現することが多い。ただし，この方法では移動が制限されるため車いす上などでは使

えない。

離れた場所に置かれた機器の場合では，商用100V電源ライン上に制御信号をのせたり（図5.13(a)），電波や超音波，赤外線を使って（図(b)）制御する機器を指定する信号を送る。制御対象機器のコンセントに入れられた受信装置が指定された機器コードを受信すれば電源をON/OFFする。これで対応できない機器は，使用する機器の改造が必要となる。商用電源ラインを使う方法は簡単で安価に設置できる利点があるが，情報が漏洩するプライバシーの問題や，近くの部屋の機器との干渉，移動の制限などの欠点がある。

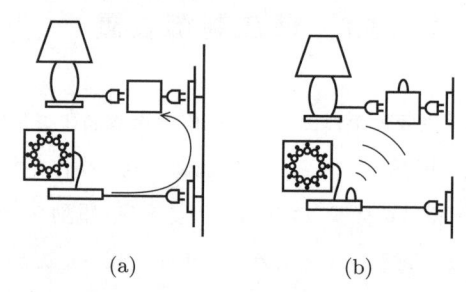

図5.13 環境制御装置の制御信号伝送方法

環境制御装置の操作方法にはスキャン法や直接選択法，記号化入力法などが使用される。例えば，最もよく使用されているスキャン法は，一定の時間間隔で順に点灯するランプが操作したい機器のところで点灯したときに，使用者の残存機能を使って呼気スイッチやタッチスイッチなどで入力することによりその機器を操作する方法である（図5.14）。

例えばテレビなどでは，電源のほかチャンネルや音量なども操作が必要であ

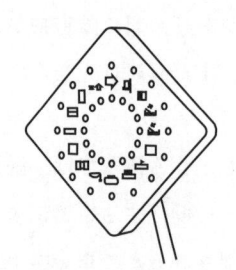

図5.14 スキャン法による環境制御装置の表示部の例

り，テレビ1台で複数のチャンネルを必要とする。環境制御装置には，15チャンネル程度の簡易なものから100チャンネルを超える高機能な機種まである。チャンネル数が多い場合は，1回の操作ですべてのチャンネルを操作するには時間がかかりすぎるため，階層構造化するなどして2回以上のスイッチ操作で機器を操作する必要がある。そうなるとどの機器の操作がどのチャンネルにあるかがわかりにくくなる問題もある。

　音声入力によって直接機器を選択する環境制御装置は操作が簡便であるが，音声の誤認識によって発生する誤動作が問題となる。特に誤動作によってベッドが突然動いたりすると恐怖心から使われなくなるという。

章　末　問　題

【1】身近にあるパソコンに搭載されている障害者に配慮した補助機能を使ってみよ。どのような補助機能があるのか調べ，それを使うとなにが起こるのか試してみよ。

【2】もしも【1】の機能にキーボードエミュレータがあれば，それを使ってスキャン方式で文章を書いてみよ。スキャン速度を変えて試してみよ。

【3】透明文字盤を作ってみよ。それを使って障害者役と介護者役のペアになって実際に目の動きだけで会話をしてみよ。

6 基本生活支援機器

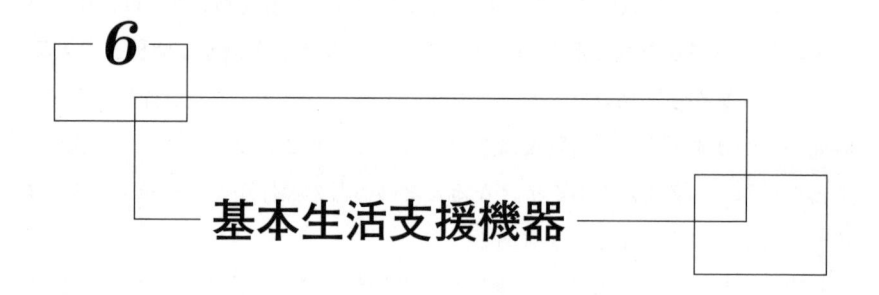

6.1 ベッド

　介護ベッドと呼ばれることもあるが，ふとんから立ち上がるのに比べてベッドからの立上りははるかに容易であるため，筋力の衰えた高齢者でもベッドを使用すれば自立が可能になる場合も多く，自立面からも適切なベッドを使用することは重要である．特に**背上げ**機能の付いたものを**ギャッチベッド**とも呼ぶ．

　福祉用で最も重要な機能はこの背上げ機能である．ベッド上で起き上がることは，1) 両手を使ってさまざまな作業ができること，2) 飲食の際に誤飲しにくいこと，3) 起立性貧血の防止など内臓機能の維持効果，4) ベッドから降りる準備，などで重要であり，寝たきり防止の第一歩である．しかし，介護者が上半身を起き上がらせることは重労働であるし，支えなしには上体を起こしておけない人を枕などで支えるのも安定しない．

　そこでギャッチベッドが効果的に使える．病院用では手動のものもあるが，介護者だけでなく寝ている人も自分で操作が可能な電動タイプが主流である．背上げをする際に膝を伸ばしたままの姿勢では苦しいので，膝を持ち上げる機能も付いていることが多い．背上げと一緒に動く場合と別々に動作するものとがある．ベッドの端に座ることを**端座位**と呼ぶが，連動するベッドでは背上げ状態から端座位への移行が難しくなるので注意が必要である．

　図 6.1 (a) のような最も簡単な構造でベッドの背上げをすると，ベッドの回転中心と上半身の動きの中心とは距離があるため，腹部が圧迫されて不快であ

(a)　　　　　　　　　(b)

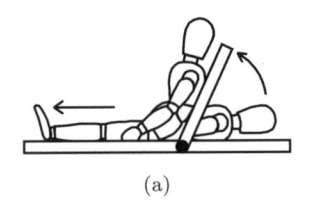

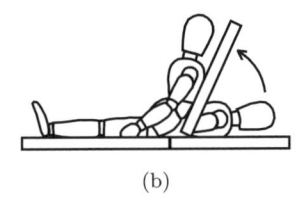

図 **6.1**　ベッドの背上げによる位置のずれ

るばかりでなく，上半身が上にずれ上がり，下半身が足先側に押されることになる．この状態で背を下げても最初に寝ていた位置とは違う位置に戻ってしまう．そのため図 (b) のように人間の上半身の動きに合わせた背上げをする機能を持つベッドのほうが望ましい．

　ベッドからの立上りを考えると，端座位を取ったときにかかとが床に着く程度の高さであると使いやすい．ところが，このような高さのベッド上に寝ている人を介護する場合には介護者は中腰にならざるを得ず，腰への負担が大きい．そのため介護時には高さを高くし，立上り時に低くすることが可能な高さ調整機能を持ったベッドを**ハイローベッド**と呼び，ベッドの代表的な機能の一つとなっている．

　身体が弱った人は，ベッドの上ではつかまるところもなく，うまく寝返りがうてない場合も多い．ベッドの周囲の**手すり**は，転落防止や寝具の落下を防止するほかにも，身体を支える機器として重要である．欧米では**モンキーバー**（monkey bar）（図 **6.2**）と呼ばれる吊り輪が多用される．うまく使えばベッド上で寝ている位置を変えるのも簡単になるなど安価で有用な機器であるが，なぜか日本

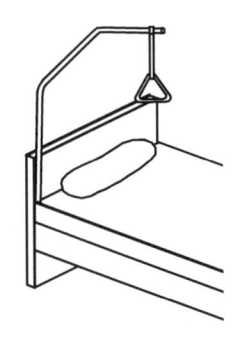

図 **6.2**　モンキーバー

では普及していない。

　自ら寝返りがうてない人や感覚障害のある人では、車いす上と同様にベッド上でもじょくそう発生に注意する必要がある。じょくそう好発部位は、頭部、肩甲骨、臀部、大腿骨骨頭、膝の内側、くるぶし、かかとなどである。じょくそう予防に効果的な方法は体圧分散であるが、あまり極端に分散しすぎてもいけない。もしも大きな荷重がかからないように体圧を完璧に分散するベッドができたら、そのベッドから起き上がることも寝返りをうつこともできなくなり、寝たきりになってしまいかねない。また、当然のことだが、ベッドの機能は寝ることであり、じょくそうを予防できても安眠を妨げるようでは役に立たない。

　じょくそう予防用マットレスでは、車いす用クッションと同様にエア式、ウォータ式、ゲル式などがあるほか、一定時間ごとに空気圧のバランスを変えたりするマットレスや、マット部全面をモータで揺動させることで圧力の集中する部位を動かす製品もある。側臥位では、両膝の間とくるぶしのところにクッションや枕などを置くとじょくそうが防げる。

6.2　いすと座位保持用具

　いすでも車いすでも、正しい姿勢で座ることは非常に重要である。しかし、身体機能が弱ってくると正しい座位姿勢をとれず、身体に大きな負担をかけることがある。その場合には座位保持装置を使用したり、立上りを補助するいすを使ったりするとよい。

　座位保持は姿勢保持やシーティング（seating）とも呼ばれる。体幹の筋力が

┌─ コーヒーブレイク ─

　ギャッチベッドのギャッチ（Gatch）は、多機能ベッドを積極的に導入したアメリカ人医師の名前に由来する。英語には gatch などという動詞はない。日本では背上げすることをギャッチアップと呼ぶのが一般的だが、これは和製英語で欧米では通じないので要注意。英語では elevate などが使われる。

6.2 いすと座位保持用具

低い，変形があるなどの理由から正しい姿勢で長時間座ることが難しい人のために，正しい座位姿勢を保持するように座面や背面，側面などに適切にクッションなどを配置することである．

一般に，支えなしにリラックスして座った姿勢では，骨盤が後ろに倒れ，立位時ではS字形状になる脊柱がまっすぐになる，俗にずっこけ座りと呼ばれる座り方になることが多い（図 6.3 (a)）．その結果重心位置は脊柱から離れた位置を通り，上半身を支える背筋への負担が大きくなる．これに対して直立時と同じ状態で座るのが正しい座位姿勢であり，長時間座っても身体への負担が小さい（図(b)）．

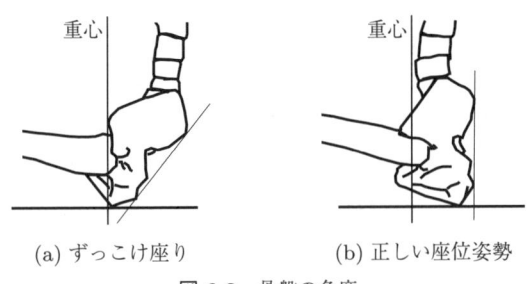

図 6.3 骨盤の角度
(a) ずっこけ座り　　(b) 正しい座位姿勢

このような正しい姿勢を保持するために，座面，背面，前面，側面の各方向から適切な支持がなされる必要がある．例えば図 6.4 のように前面を少し高くした座面を使えば，骨盤が前に滑ることを妨げ，正しい姿勢になりやすくなる．ただし，どちらからどの程度の支持をすべきかは，一概にいうことが難しい．無理に理想的な姿勢を取らせると苦しくて耐えられないという場合もあるので，使用者の状況を見ながらどの程度の支持をするかを決めるべきである．

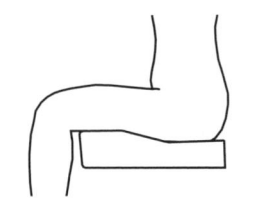

図 6.4 前面を少し高くした座面による座位保持

体幹に大きな変形がある人の場合には，身体形状に合わせて専用のいすを作成することになる。CAD/CAM装置を使用して身体形状を計測し，自動的にいすを作ることも少しずつ行われている。座ったときには体重によって臀部が変形するので，座位での身体形状を計らなければならない点に注意する必要がある。そのため，容易に形を変えられるフォーム材などで，身体形状に合わせた簡易的ないすを作成し，その形状を計測してデータを取り込むことが多い。ただし，CAD/CAM装置のコストが高いので，広く普及するには至っていない。

高齢になると筋力は低下するが，その低下の程度は筋によって異なる。最も筋力の低下が著しい筋の一つに，膝の伸展筋がある。このために高齢者は，立上りで膝を伸ばす際に多くの労力を必要とする。膝に痛みを持つ人も多い。そのため，立上りを補助するいすは特に高齢者に有効である。

立上り補助いすには，電動のものとばね式のものとがある。いずれも立ち上がる動作に合わせて座面が斜めに持ち上がる。通常のいすの座面上において使用する簡易式装置もある。ばね式はスイッチ操作も不要で簡便だが，使用者の体重に合わせてばねの強さを調整しなければならない。強すぎるばねを使用したり，立上り動作に比べて速く持ち上げたりしようとすると，転倒の危険がある。

立ち上がるときの注意として，下腿部を引いて，いすの下にできるかぎり足を入れて立ち上がると膝への負担が少なくできる。そのため内側に足が入る構造のいすがよい。ただし，両足を引いて立ち上がると，バランスを崩して前方に転倒する危険性があるので，片足を引き，片足は前に出した姿勢で立ち上がることが，この立上り補助いすの使用における重要なポイントである（図6.5）。

図 6.5　立上り補助いすによる立上り方

6.3 排泄用具

体内の不要物質を体外に排出する排泄(せつ)機能は,生命維持に必要不可欠であり,そのため排泄障害は管理を怠れば生命をも危うくする。その一方で,排泄は自己の尊厳と深く関わっており,尊厳を傷付けるような解決方法ではQOL(生活の質)を上げることはできない。また,衛生面からも管理が必要であるなど課題も多い。そのため排泄用具はその使用者のニーズの高さに比較して,まだ満足できる用具が少ない分野であるといえる。排泄用具には大きく分けて,排泄機能に障害がある人のための用具と,トイレへの移動などが困難である人のための機器の2種類がある。

6.3.1 排泄障害に対処する用具

尿失禁や便失禁をする人に対して,介護が楽だからといって安易におむつで対応しようとすることは避けるべきである。特に高齢者に対しておむつを使うことは,尊厳や自立心を傷付けかねない。また厚いおむつの上におむつカバーをすると,腰部が大きく膨らんで臥位から立ち上がる際に負担になり,寝たきりの原因となりかねない点も問題である。

そのため一般には,できる限りおむつは当てるべきでないし,早期に外すべきと考えられている。しかし,薄く目立たないものを頻繁に自分で取り換えられるようであれば,失禁が気になって外出ができなくなるよりは,おむつでも失禁パッドでも有効に利用して自立することを考えるべきである。

排尿困難者に対しては,導尿カテーテルを用いた間歇(けつ)的導尿が使用される。使用者自身が行うことが基本であるが,ADL(日常生活動作)の低い人の場合には介護者が行うこともある。膀胱(ぼうこう)は細菌感染しやすいので,きちんと消毒されたものを正しく使うことが注意点として挙げられる。

尿失禁に対しては,単純に機械的に尿道を圧迫して対処する用具が使用されている。また,電気刺激によって失禁を防止する装置や人工尿道括約筋なども

あるが，使用できる人に条件があり，普及しつつある段階である。脊髄損傷者などの場合では**収尿器**が使用される。例えばコンドーム型で漏れた尿をすべて袋に収納し，一杯になったら排除する形式のものなどがある（図 6.6）。女性用の収尿器では，尿が漏れやすいため粘着式が使用される。

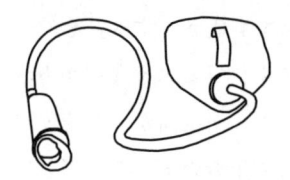

図 6.6　男性用集尿器

排便障害の場合，浣腸(かん)や摘便（指を使って便を出す操作）などで対応することが多い。ただし，ベッド上で介護者が行うのは尊厳も損なうし，介護者にも苦痛であるため，坐薬(ざ)を挿入する用具や温水洗腸用具を利用するなどして，できる限り本人が便座上で行うことが望ましい。近年は，肛門内に挿入したプローブから温水と超音波を出し，固い便を粉砕して吸引する装置も開発されている。

直腸がんなどなんらかの原因で，手術により新しく造られた人工肛門，人工膀胱の排泄口を**ストーマ**と呼び，ストーマを付けた人を**オストメイト**と呼んでいる。このストーマでは，排泄物をためる部分がなく括約筋に当るものもないので，排泄物が絶え間なく出てくる。このため，**ストーマ用具**が必要となる。最も一般的なものは，パウチと呼ばれる小袋を粘着材で貼り付けるタイプである。パウチから排泄物を排出できる開放型と，排出口がない閉鎖型とがある。皮膚保護剤を併用するのが一般的だが，それでも皮膚がかぶれたりすること，皮膚保護剤そのものが取扱いにくいこと，外出先で排泄物を処理できる場所が少ないこと，などまだ課題も多い。

6.3.2　トイレへの移動や使用の問題に対処する用具

トイレまでの移動に問題がある場合や夜間などでは，居室や寝室において**ポータブルトイレ**が使用されることが多い（図 6.7）。通常は移動の容易さを考えてベッドのすぐ横に設置することが多いが，心理的な受容を考えて，少し離して設置する場合もある。いかにもトイレという製品は安価ではあるが，居室に置

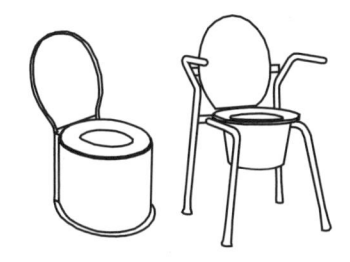

図 6.7 ポータブルトイレ

くと他人の目が気になることが多く，通常のいすのように見えて座面を上げるとトイレとなるタイプがよく使用されている．また，座面高さやアームレストの高さなども調整できることが望ましい．移動や立上り動作において転倒する危険があるので，トイレ本体を固定するほかに，すべりにくい床や適切な位置の手すりなどが重要となる．

　居室であっても，トイレとは違ってプライベート空間ではないので，精神面を配慮する必要があり，特に排泄場面を見られないような目隠しやカーテンなどの設置が重要である．臭いは，消臭剤や芳香剤，換気扇などで対応するとよい．基本は排泄後速やかに処理することである．排泄音に関しては，個室での利用以外に抜本的な解決方法はない．

　ポータブルトイレへの移乗も困難で便意・尿意のある人は，ベッド上で差込み便器を使用する．しかし内臓の構造上，臥位では排便はうまく行いにくい点が問題である．また臀部に差し込む際に腰を上げる動作が必要であり，これができない人では介助が必要である．尿には，しびんや尿器が使用される．

　トイレを組み合わせて寝たままで排泄できるようにしたベッドも商品化されているが，ほとんど使用されていない．臥位では排便がしにくいこと，シーツを汚しやすいことなどのほか，自分の排泄物の真上で寝ることへの嫌悪感や不快感も，使用上の問題点として挙げられている．

　車いすや手すりを使っての伝い歩きでトイレに行って排泄することは，尊厳の面からも重要である．トイレまでの距離が遠い場合には，押入れなどをトイレに改造したり，段差をなくしたりするなど，住宅改造が必要な場合もある．下肢に問題がある人の場合，和式便器は不向きで洋式便器を使うことが望ましい

が，和式に慣れた高齢者に対しては，洋式が利用できるかどうか，あらかじめ検討することが望ましい。また温水洗浄便座は，排泄物の処理の面でも衛生面でも便利である。

立上りやかがみ動作では，**手すり**があると下肢の負担が軽減し，安定する。この場合，手すりの取付け位置が重要で，適切な位置に取り付けないと効力は発揮できない。そのため，使用者の身体特性と取り付けるトイレの構造をよく考えた上で，L字型手すりや縦・横・斜めなどの手すりの選択，取付け位置，手すりの太さなどを検討するとよい。壁に取り付けられない場合には，壁に押し付けて固定する手すりや便器に取り付ける手すりもある。また，立上り補助便座や，座面を高くした補高便座の利用も考えられる。車いす使用者では，便器の上で使えるシャワーキャリーを利用すると，便器への移乗をしなくてもすむ。

排泄動作では衣服の着脱が問題となることが多い。立った状態での着脱動作は転倒の危険がある。座った状態では着脱が行いにくい。いずれにしても着脱の行いやすい衣服を使用することが望ましい。一般的には伸縮性に富んだ素材を使ったものがよい。

旅行などで車いすなどに対応したトイレが長時間利用できない場合には，前

コーヒーブレイク

街中に障害者用トイレが増えてきたのはよいことである。だが，まだ正しく理解されているとはいい難い。あれは障害者専用トイレではなく，障害がない人でも使ってよいのである。障害がないから使ってはいけないというのは，一種の差別である。だれでも困っているなら譲り合って使えばいいのであって，ほかのトイレが使えない障害者が優先して使用するということでしかない。皆が使っていれば，トイレは設置したけれどいつも鍵が閉まっているとか，実態は倉庫になっていてトイレとしては利用できない，といったことにはならないだろう。ただし，障害者用駐車スペースは話が別で，必要な人以外は絶対に車をとめてはならない。トイレなら待っていれば数分で出てくるからよいが，長時間占有してしまう駐車スペースでは，障害者が利用したいときに利用できなくなってしまうからである。

6.4 入浴用具

　欧米では週1回から数回程度シャワーを浴びる人が多いが，高温多湿な日本では毎日浴槽に浸かることを望む人が多い．入浴は単に衛生面だけが目的ではなく，疲れを取り，リラックスする効果も生んでいるが，同時に日常生活動作の中で最も難しい動作でもある．

　浴室は床が滑りやすく，水が浴室外に流れ出ないように入口に段差があるのが普通である．さらに浴槽のかまちが高い，装具やめがねを外しているなど，転倒の原因となる要素が多い．また，居室と浴室および浴槽内とで温度差があり，循環器系に負担が大きい点も問題である．服を着ていないので，介護する場合にもうまく身体を支えることが難しい．特に**尊厳**を保って介護することは容易ではない．

　入浴動作は，1) 浴室までの移動と衣服の着脱，2) 洗体，3) 浴槽への出入りの3種類の動作に大別できる．このうち，1) に関しては移動用具や更衣用具に譲り，本節ではおもに，2) および 3) のための機器を中心に説明する．**入浴用具**には家庭用のほかに，多数の人を短時間で入浴させるための施設用，および通常の自宅の風呂には入れない人のための訪問介護用がある．

　シャワーチェアと呼ばれる浴室用いすは，洗体用としてのほか，浴槽へ座位で移動するためにも使用される．洗体のためだけに用いるのであれば，座位保持特性の優れた座面を持ち，立ち上がりやすい高さのものを選ぶ必要がある．背もたれや手すりのあるもの，高さ調整のできるものなどさまざまな製品がある．

　これに対して**シャワーキャリー**（図 **6.8**）は，比較的重度の人が，介護者の援助を受けて居室や脱衣場から浴室へ移動する際や洗体の際に使用する車いすであり，臀部が大きく開いて洋式トイレで排泄する際にトイレチェアとして兼用できるものが多い．

6. 基本生活支援機器

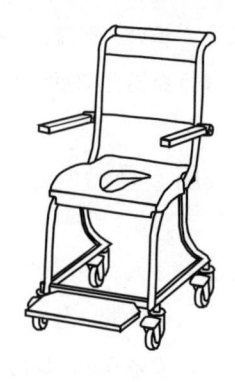

図 6.8 シャワーキャリー

　一般に小さなキャスタを使用しているので，段差の乗越えは難しい。水に濡れてもよい座面素材や臀部を洗浄するための穴の存在などから，座位保持・圧力分散の性能は低く，体幹の保持に問題がある人の場合には注意を要する。リフトを併用しない場合には，アームレストやフットレストが外せる形式のもののほうが，楽に移乗介護ができる。日本の家庭の浴室や脱衣場は狭くてシャワーキャリーが入らない場合もあるので，実際に使えるかどうか，試してみてから購入するとよい。

　特に日本の浴槽は上がりかまちが高く，片足を上げて乗り越える作業は不安定で転倒の原因となる。**手すりは最も簡単かつ有効な補助手段である**（**図 6.9**）。手すりは，その人の浴槽への移動方法を考慮して最も効果的な位置に取り付けることが必要である。工事なしに簡単に取り付けられる手すりもあり，よく使用される。手すりを取り付けても風呂のふたを閉められるように配慮してある製品や，自由に角度を調節できる手すりなどもある。

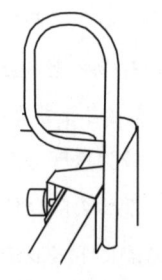

図 6.9 浴槽用手すり　　　　図 6.10 入浴台

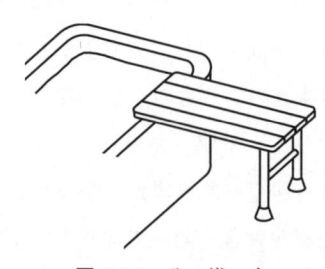

座位での浴槽への移動を補助する用具としては，専用のバスボードや入浴台も使用される。バスボードは浴槽の上に載せる板で，この上に座った姿勢から安定した体勢で浴槽に入れる。入浴台は浴槽とほぼ同じ高さで，浴槽に密着して設置する台で，いったんこの上に座ってから安定した姿勢で浴槽へ出入りするために使用する（図 6.10）。浴槽内で使用される入浴台は，姿勢が不安定になりがちな浴槽内から出る際に姿勢を安定させることができる。

寝たきり者の介護用にベッド上で入浴できるものも考案されている。例えば防水の寝袋の中に寝て，その中でお湯が循環するようなものが開発されている。ただし，このようなものでは陰部や足の指の間などがきちんと洗浄できない可能性が高いので，使用上はこれらの部分の衛生面に十分な注意が必要である。

施設では入浴は最も負担の大きい介護作業であり，人手も手間もかかるのでうまく機器を使う必要がある。運動障害が比較的軽度な人では，大浴場にスロープや手すりを付けるだけでもよい。シャワーキャリーに座らせてスロープを使って大浴場に入れることもあるが，介護負担が大きい。スロープではなくエレベータ状に上下して車いすごと湯船に入れる装置もある。

比較的運動障害の重度の人に対しては，**特殊浴槽**と呼ばれる装置を利用した入浴介護が行われることが多い（図 6.11）。1 人が浴槽内に入っている間に，その横で濡れた身体のふき取り，車いすへの移乗，つぎの人の車いすからの移乗などを行うことにより，効率的に入浴介護を行う機器である。浴槽に浸かる際には，人間が上下すると不安感がある上に洗体をする介護者の腰への負担が大

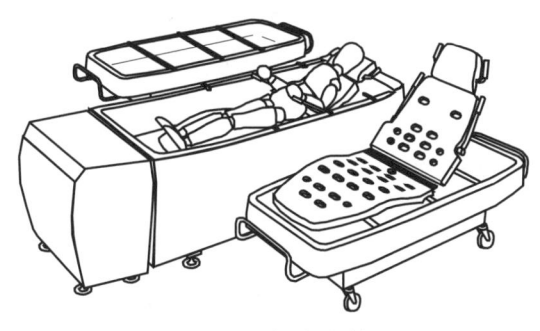

図 6.11 特殊浴槽

きくなるので，浴槽が上下する方式が一般的である。

　寝たきりの人を自宅の狭い風呂に介護して入れることは容易ではない。このような場合には**訪問入浴サービス**が利用される。浴槽やボイラなどを積み込んだ専用車で各家庭を訪問する業者が全国にできている。この場合は車に積むことと，狭い階段やエレベータを通って運びこむ必要があることから，特殊な高機能の浴槽ではなく，小型で持ち運びの容易な浴槽が使われ，数名程度で介護するのが普通である。

6.5　操作用具

　日常生活では，上肢動作によってさまざまな道具を使って食事など各種の作業をしている。これらができない上肢障害者では，さまざまな**操作用具**を利用する。

　上肢の複雑な運動のすべてを一つの福祉機器で実現するのは難しく，行いたい作業専用の操作用具を利用することが多い。そのため，ハイテク機器や大規模な装置でなくても，簡単な道具で十分に日常生活の補助に使える場合が多い。これらの簡単な道具は**自助具**と呼ばれ，数百円から数千円程度という価格の安さと，便利さとから広く普及している操作用具である。自助具は，市販されているもののほかに，使用者やボランティアらによって個別に手作りで作られるものもあり，その製作方法に関する書籍などもある。一般に市販品のほうがデザインに優れ，軽量であるが，手作りでは材料費だけなので価格が安く，また個々のユーザへの適合が容易であるという利点も持っている。

6.5.1　食事用具

　食事はADLの中でも比較的実現が容易な機能であり，自立できる人は多い。しかし自立できていない人にとっては食事自立のニーズは高く，**食事用具**は**QOL**向上には欠かせない。食事が自立できない人のうち握力が足りなかったり手先の細かな作業ができない人には，柄を太くして握りやすくしたスプーン

（図 6.12 (a)）や，マジックテープなどで手に固定して握らずに使えるスプーンなどの食事用自助具が役に立つ．

特にお湯で変形させることができる形状記憶樹脂は，使用者の手の形状に簡単に合わせることができるので便利に使われている（図 (b)）．取付け角度を工夫してすくいやすくしたスプーン（図 (c)）や，簡単に先が合うよう配慮された箸（図 (d)），縁が立っていてすくいやすい皿なども便利に使用されている．一方，腕が持ち上げられないために食事ができない人では，バランサ（図 6.13）などを使って腕の重さの分だけ力を補償してやると，水平方向には腕を自力で動かせる人も多く，食事ができるようになる．

図 6.12 食事用自助具

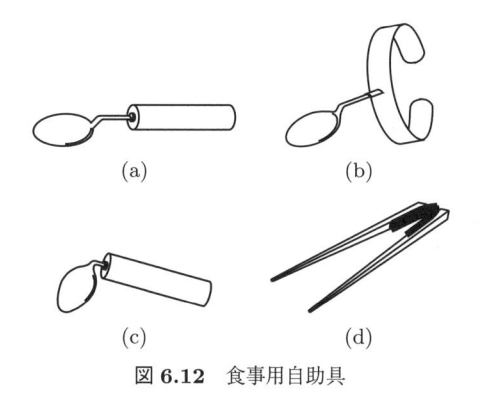

図 6.13 バランサを用いた食事

6.5.2 炊事用具

調理・炊事のための機器の多くは，手指の力が弱い人や片手しか使用できない人が炊事をするためのものである．滑り止め用具や，食材を固定するためのピンが付いたまな板などがある．そのほか，通常のトングやフードプロセッサなども便利に使えるケースがある．

高齢者ではガスコンロがよく問題として挙げられる．高齢者にはガスの青い炎が見えにくく，火が付いているかわからずに事故を起こすことがある．また，ガスコンロの火力調整レバーで多く採用されている押しながらひねる方法は，リウマチ患者などには苦手な操作である．そのため高齢者には電磁調理器がよ

いといわれることも多いが，ガスから電磁調理器に代えると熱の伝わり方が変わるためにうまく調理できなくなって困る人もいるので，電磁調理器に代えるべきとは一概にはいえない。

　ひねるのではなく横にスライドさせて火力調節できる方式のものも販売されている。この方法は直感的な火力判断の面ではねじるタイプに劣るが，高齢者には負担が少なく使いやすい。

6.5.3　更衣・整容用具

　比較的軽度な障害の人でも，更衣に苦労している人は多い。そのため更衣を補助する用具もいろいろ使われている。ソックスエイドやストッキングエイドを使えば，足先まで手が届かない人でもソックスなどを簡単に履くことができる。指先がうまく使えない人がボタンを簡単に着脱するためのボタンエイド（図6.14），手を背中に回せない人でも背中のファスナを閉めることができる道具などがある。

図 6.14　ボタンエイド

　髪をとく，ひげをそるなど，姿を整えることを**整容**という。整容に問題がある人も多く，腕が上がらない人でも髪をとかせる長柄のブラシや，細かい作業ができなくても，握力がなくても使える爪切りなどは自助具の代表的な例である。

6.5.4　リーチャーとそのほかの自助具

　寝たきり者や車いすユーザなどでは床に落ちたものや高いところにあるもの，少し離れたところにあるものなどを取れないで不便に感じることも多い。このようなときにはリーチャーやマジックハンドと呼ばれる自助具が役に立つ（図6.15）。さまざまな製品があるが，軽いこととうまくものを取り扱えることが

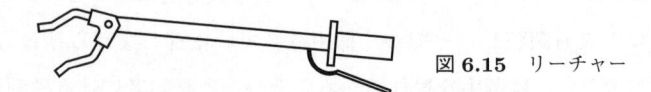

図 6.15　リーチャー

選択の際の要点となる。福祉用具として売られているものだけでなく，左ハンドル車用として売られているものの中にも便利に使える製品がある。

リウマチ患者などねじる動作は苦手でうまくできない人が多く，そのような人のためにも各種の自助具がある。例えば握力が不足してビンのふたが開けられない人には，軽い力でふたが開けられる自助具が各種販売されている。また，ねじらずに押すだけで開閉できるふたを持つ保存容器も便利である。そのほかのねじる動作を補助するものでは，ドアノブに固定したり巻き付けることによってねじらなくてもドアの開閉ができるレバーや，万能ハンドルなどがある。この万能ハンドルは，ばねの付いた多数のピンをねじるレバーに押し当てることにより，握力が弱い人でもレバーを確実に固定してねじる動作が可能となる。

6.5.5　ページめくり機

本や雑誌などを読むためにページをめくる装置を**ページめくり機**と呼ぶ。ページをめくるためには，1) 紙を1枚とって，2) そのページを反対側へめくる，という二つの操作が必要である。技術的には特に前者が難しく，陰圧を使う方式や粘着剤を使う方式などあるが，どんな湿度条件下でもどんな紙質でも確実に1ページだけめくる作業は意外に難しく，多くのノウハウを必要とする。高機能な機種では，前回の続きなど特定のページを直接指定して開くことができ，実用上大変便利である。

6.5.6　ロボット

食事や整容などの自立を図るための**ロボット**（robot）は欧米を中心に若年重度四肢麻痺者に使われ始めている。ロボットであらゆることが自立できるようになるわけではないが，それまで1人ではできなかった作業が，ロボットを使うことによってできるようになるだけで使用者のQOLを高め，精神面にもよい影響を与える。

代表的な自立支援ロボットにオランダ製のMANUS(iARM)がある。ハンドの開閉を含めて8自由度を持つ汎用マニピュレータで，通常は車いすに取り付

図 6.16　車いすに取り付けた
自立支援ロボット

けて使用されるが（図 6.16），簡単に着脱もできる．価格は約 200 万円であり，オランダ国内を中心に，発売開始から 2008 年春までの 10 年以上で累計 300 台以上が販売されたという．

　操作は 4×4 個のスイッチの組合せで行うが，ジョイスティックやそのほかの入力装置も使える．汎用で多機能な分だけ操作が少し難しく，意欲のある若年障害者であっても習得には練習が必要不可欠であり，高齢者には使いこなすことは難しく，高齢者の使用例は報告されていないようである．実際の使用状況調査によれば，食事，歯磨き，ひげ剃り，軽量物の操作などさまざまな用途に使用されており，使用者はもうこのロボットなしの生活など考えられなくなるほど毎日の生活に必要不可欠の道具になっているという．

　HANDY-1 は英国製の食事用マニピュレータである．価格は約 60 万円であり全世界で 300 台以上が使われているという．トレイ上の 7 箇所に分けて置かれた食物を好きな順で食べることができる．スイッチ 1 個だけと簡単な操作で

コーヒーブレイク

　四肢麻痺者が福祉ロボットをどんな作業に使用しているかも調べられている．予想外に多かったのが，「かゆいところをかくため」．開発者はそんな使い方はまったく想定しておらず驚いたという．ユーザは実際に機器を使いながら，思いもよらぬ画期的な使い方を思い付く場合も多い．健康な開発者が下手に考えるよりも，そういうノウハウやニーズを拾い集めるほうが斬新で役に立つアイデアが生まれるかもしれない．

食事ができるため，重度障害児でもこれを使って食事が可能である．食べられるものは刻み食だけと限定されており，例えばごはんをこれで食べようとすると大きな塊が持ち上がってこぼしてしまう．オプションを使えば，歯磨き，髭剃り，化粧などもスイッチ一つでできるようになる．MANUSよりも機能は制限されるが，スイッチ一つで使いやすいことと価格が安いことからMANUSよりも使用している人が多い．

同様のロボットは日本でも開発されている．例えば，セコム社のMySpoonはHANDY-1よりも多種多様の食事を食べられるよう設計されたマニピュレータである．HANDY-1がスプーンですくい上げるだけであるのに対して，MySpoonではスプーンとフォークで挟み上げるため，大きな固形物や千切りにした食物なども扱うことができる．

ここで最も大事な点は，ロボットに障害者が介護されているのではなく，ロボットという道具を使って自らの意思で思い通りに操作ができる，というところである．自立のための便利な道具であるならロボットであろうがなかろうが，ユーザはかまわない．福祉現場には，ロボットなんてけしからん，という人もいるが，それは誤解である．ただし，ロボット（または機器）に介護されるという状況に関しては，時代が変わらない限り受け入れられることはないであろう．

章 末 問 題

【1】 ずっこけ座りと正しい座り方をしてみて，臀部のどの位置に体重がかかっているか調べよ．そのまま30分から1時間まったく姿勢を変えずに座り続けたとき，どこに痛みやしびれを感じるか試してみよ．

【2】 自分が浴槽に入る際に，どこで身体を支えているのか詳細に調べよ．どこにどんな手すりがあったら，より安全に入浴できるか考えよ．

【3】 手袋をした状態で本を1ページめくってみよ．どうやれば確実に1ページめくれるか考えよ．

7 義 肢 装 具

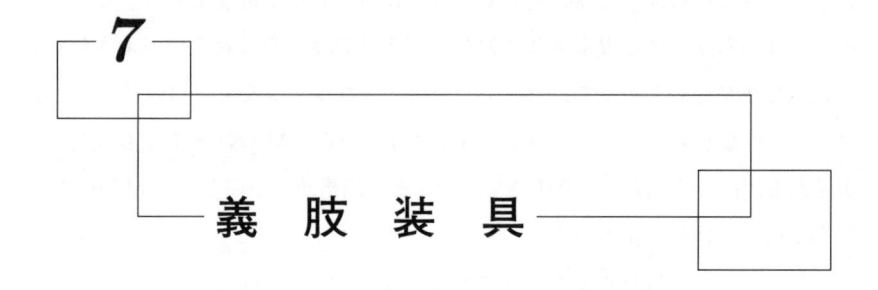

7.1 総　　　論

7.1.1 義肢装具とは

　義肢装具は障害のために低下したり切断のためになくした機能を代替もしくは補完するための福祉機器である．切断などにより体の一部を失った障害者において，失った部分の機能または形態を復元するために装着，使用する人工の手足が**義肢**（prosthesis）であり，手の機能を代替するものを**義手**（upper extremity prosthesis），足の機能を代替するものを**義足**（lower extremity prosthesis）という．

　また，疾患などによる機能の低下や喪失に対して機能障害の軽減を目的として機能の補完をする福祉機器を**装具**（orthosis）という．装具は使用する部位により，上肢装具（upper extremity orthosis），下肢装具（lower extremity orthosis），体幹装具（spinal orthosis）などに分類できる．義肢と装具を合わせて義肢装具，もしくは義肢・装具というが，これらの義肢装具という用語に対して法律上は**補装具**という用語が使われている．

　義肢装具は使用者に合わせて**義肢装具士**が製作するオーダーメイドの製品が大部分であり，使用するための適合・訓練が必要であり，処方から使えるようになるまでに時間を要することが多い．完成品としてすぐに使えるものも手に入れられるようになってきたが，オーダーメイドの製品には劣る場合が多い．最近では科学技術の進歩により新しい素材を使った製品や多機能な製品が開発されつつある．

7.1.2 制度と処方

義肢装具は，従来は身体障害者福祉法，児童福祉法などの制度を利用して給付されていたが，平成17年11月の**障害者自立支援法**の制定により，補装具費の支給と利用者の定率1割負担へ制度が大きく変更された。

義肢装具を必要とする使用者に，医師が適切な義肢装具の構造，形式などを指示することを**処方**といい，**チームアプローチ**で処方内容を決定して義肢装具が製作される場合が多い。チームアプローチとは，医師が中心になって義肢装具士，理学療法士，作業療法士，看護師，臨床心理士，医療ソーシャルワーカーなどがチームを組んで処方内容を検討することをいい，エンジニアが参加する場合もある。

処方時には，処方内容を検討し，チームで時間をかけて最適なものを決定する。例えば下肢装具においては，試し用の装具を用いて装具の効果を確認し，最適な処方装具を決定する。リハビリテーションセンターなどでは試し用の下肢装具などを多数確保しているところが多い。訓練が必要な場合も多く，これらの訓練は，理学療法士や作業療法士が中心になる。

最初の処方は重要であり，最初にどのような義肢装具を使うかによりその後の生活が大きく変わることがある。特に義足における訓練用義足，義手における訓練用義手は影響が大きい。破損や故障時には修理，調達，部品交換で対応するが，修理不能な場合は再支給を行う。この場合，従来使用していた義足や義手よりも良いものに変更できる場合でも，従来のものと同じタイプのものを再支給されることを希望することなどは，最初の処方への慣れの影響の大きさを物語る一つの例である。

日常生活を送っていくためには，**メンテナンス**も重要である。義肢装具は日常生活の中で使用するので，壊れた場合にはすぐ対応できる必要があるが，現実的には修理できる施設が限られており，対応に苦労する場合が多い。

7.1.3 規格化・標準化

日本における義肢装具の規格化・標準化は比較的早期から手が付けられてき

た．規格としては日本工業規格（Japanese Industrial Standard, JIS）が主で，用語，義足，義手，装具などに関する規格が制定されてきた．国際的には，ISO（International Organization for Standardization）による規格制定が進められるようになり，日本工業規格についても ISO との整合性が求められるようになったため，最近では，ISO の規格を翻訳して JIS を作成する翻訳規格が多くなっている．ただ，日本独自の規定を考慮する必要があるものもあり，そのような場合には一部変更したりして対応している．

欧州連合（EU）の成立と加盟国の増加によりヨーロッパ内での規格統一も進み，国際規格（ISO）と欧州規格（EN 規格）が同一規格として制定されることが多くなってきた．CE マークはヨーロッパの EN 規格に関連したマークであり，ヨーロッパで製品を選ぶときの指針になるが，日本でもよく見かけるようになった．

一方，アジアなどの発展途上国では，製品としての義肢装具部品の供給が十分ではなく，規格について検討するまでの余裕がない場合が多い．国際的な規格を制定することは重要であるが，欧米人に比較して体格が小さな日本人やアジア人においては，欧米人主導型の規格策定では大きく頑丈で重い製品になりすぎて使えない場合がある．アジア人についても規格に含まれるようにして対応することが重要である．

例えば義足の強度試験の国際規格では，日本人の体重や歩行時に義足に加わる力のデータを義肢装具関係規格作成の専門委員会（ISO/TC168）へ持参して，最初は体重が 100 kg のレベルだけの基準であったものに，80 kg と 60 kg の体重レベルについての基準を追加するように働きかけて実現した経緯がある．日本と中国と韓国との 3 国で規格を共同で作成しようという流れも生まれており，今後はアジアとしての規格策定に向けての取組みが重要になると思われる．

義足は体重を支えるため，使用時に破損が生ずると重大な支障が生ずる．したがって義足の構造強度試験規格には，十分な強度・耐久性があるかどうかの確認のために静的許容試験，静的破壊試験，繰返し試験などが規定されている．義足の部品の新製品が開発された場合，まずこれらの規格に則って工学的評価がメーカや試験評価機関で実施され，強度・耐久性が確認される．さらに，リ

ハビリテーションセンターなどでフィールドテストが行われ，機能や利点・欠点，使用時の問題がないかどうかが確認される。指や手などの挟み込みの有無についても確認される。

　義肢装具の分野で使われる用語については，残念ながら完全には統一されていない。国際規格の福祉機器に関する用語の規格（ISO 9999）における義肢装具関係の定義は従来の定義と一部異なっており，わかりやすいが一般的にはなっていない。じつはISOの義肢装具の専門委員会においては用語関連の規格が13個作成され用語のISOが規定されているが，翻訳JISは作成されていないので国内規格としては存在していない。

　また，国内においては日本リハビリテーション医学会や日本整形外科学会などのいくつかの関連学会において用語の定義が行われている。現在，JISには義肢装具関連用語として福祉関連機器用語［義肢・装具部門］（JIS T 0101）が規定されているが，これは日本リハビリテーション医学会が担当して作成されたものである。

　その他，国内ではJIS以外に関連する規格・基準として製品安全協会のSGマークがあり，車いすや棒状つえの基準はあるが，義肢装具関係の基準は規定されていない。

7.2　義　　　　　肢

7.2.1　義　肢　と　は

　義肢には，義手と義足があり，**ソケット**と支持部と末端部で構成される。構造により分類すれば，大きく，殻構造義肢と**骨格構造義肢**（モジュラー義肢）に分類される。

　殻構造義肢はアルミやプラスチックなどで手や足と同じ形に作るもので，製作には高度な技術と時間を要する。これに対して骨格構造義肢は骨や関節に相当する部品を組み合わせて作る義肢であり，主要部品は工業製品として製造されたものを使うため，高品質の義肢の製作が可能になり，外観も良好な製品が

作られている。

最近は骨格構造義肢が多いが，従来から殻構造義肢を使用している人は同じ種類の義肢を使い続けることが多い。これは構造が異なると機能も異なり，使用方法も異なるため，義肢を簡単には変更できないためである。力源による分類では，体内力源義肢と体外力源義肢に分類される。ただ，力源を使用する場合は電池などを携帯する必要があるため，一般的には，電動義手を除いて，力源を使用している義肢は少ない。

義肢は**断端**が義手・義足とのインタフェースになるため，ソケットの良好な適合が義肢を快適に使用していくための最低条件になる。断端をソケットに挿入して使用するために，種々の問題が生ずることがある。ソケット内での発汗の問題や傷口の瘢痕(はんこん)，失った手足の幻肢や幻肢痛が現れる場合もある。継続して使用していくためにはこれらの問題を解決する必要があり，個別の的確な対応が必要とされる。

7.2.2 義　　　手

大きく，**装飾用義手**，**能動義手**，**作業用義手**に分類される。日本では普及が進んでいないが，**電動義手**もある。基本構造としては，ソケット，継手，支持部，手先具で構成され，ケーブルやハーネスが追加されることもある。切断端により種類別に分けられ，肩甲胸郭間切断用義手，肩義手，上腕義手 (trans-humeral prosthesis)，肘(ひじ)義手，前腕義手 (trans-radial prosthesis)，手義手，手根中手義手，手指義手などがある。

義手は手の代わりをするため，つかむ部分，すなわち，手の部分が重要であり，能動義手の**能動フック**，**能動ハンド**，作業用義手の作業用手先具は重要な部品になる。特にフックや手先具はそれぞれの作業に合わせて作業に適したものが製作されているため，多くの種類があり，付け替えて使用される。

義手の選択には使用訓練が重要になる。手の切断者の多くは義手の種類について十分な知識を持っていない場合が多い。これは切断後，義手の処方時の対応に影響されたためである。処方時にいろいろな義手を試してみることができ

たかどうかが，その後の生活に大きく影響する。

　義手の試用訓練を受けた人は義手を有効に使用する場合が多いが，訓練を受けていない人は使わなくなることが多い。現在の処方システムでは対応が困難な場合が多いが，いろいろな種類の義手を試してみることができると有効な義手の選択ができるようになる。

　義手の外観は手の切断者にとっては非常に重要な要素であり，単なる見かけについてのみ気にするということもある。日本で，機能がほとんどなく見かけのみを重視した装飾用義手の処方が多いのもこのような理由が関係していると思われる。装飾用義手には装飾手袋（コスメチックグローブ）が使用され，装飾手袋の外観により見栄えが異なる。

　能動ハンドや電動義手においても装飾手袋が使用される。装飾手袋では手の形状や大きさ，色を合わせることがもちろん大切であるが，実際には詳細な色合わせは難しく，色が異なる何種類かの製品から最も近い色のものを選択する場合が多い。義足は靴下やズボンなどにより隠れるため外見上はわかりにくいが，義手は皮膚の部分がそのまま露出するため気になりやすく，汚れやすいことも関係してか手袋を使用している人もいる。一般の装飾用義手にはほとんど機能はないのであるが，中には指の姿位を変えることができるタイプがあり，この程度の機能の義手でも使いこなして日常生活に役立てている例が数多く存在する。

　能動義手は物をつかむ機能を持っている義手であり，能動フックと能動ハン

コーヒーブレイク

　われわれは手が汚れると手を洗って汚れを落とすが，こんな簡単なことが義手では難しい。装飾用義手の手の部分に使われる装飾手袋は部位によるわずかな色の違いや静脈などが再現され，本物の手のように見えるが，塩化ビニール製で汚れが付くと取れなくなる場合が多い。特に新聞や雑誌のインクが問題で，新聞をつかむだけで簡単に汚れが染みこんでしまう。最近はシリコン製の製品が製造されているので汚れは付きにくくなっているが，装飾用義手をきれいなまま使い続けるのは難しいものである。

ドに分けられる。能動義手は，コントロールケーブルを介して体のほかの部分の力を利用して手先具を開閉している。これはソケットを介して義手を懸垂支持するハーネスで，上肢帯や体幹の動きを体内力源として利用している。

能動ハンドは生体の手とほぼ同じ外観で，手指の開閉などが可能である。能動フック（図 **7.1**）は2本の手鉤型に湾曲したフック状の手先具を開閉させ物をつかむことができ，習熟すれば挟む強さなどの微妙なコントロールが可能になる。能動フックの開閉の仕方により，随意開き式と随意閉じ式がある。形状が変わったいろいろな種類のものが作られており，使用されている。

作業用義手（図 **7.2**）は切断者が希望する作業に合わせて製作される。例えば機械工作用とか料理用とか自動車の運転用などで，専用の部品が使われることがある。一般に作業の種類別に多くの手先具があるが，農耕用，山林作業用が多く，どうしても対応できない場合は特注で製作することもある。

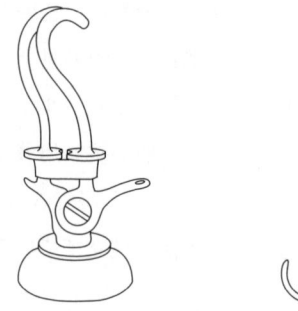

図 **7.1** 能動フック　　　図 **7.2** 作業用義手の例

電動義手は，使い方によっては非常に有効である。これは良好な外観と手指の開閉などの機能を併せ持っているからである。日本ではあまり処方されていないが，これは日本の公的支給システムの問題であり，電動義手の処方をほとんど認めていないからである。電動義手が高価であることも処方されにくい原因の一つに挙げられる。

通常の電動義手はハンド部の開閉が電動で可能になっているが，電動ハンド，電動リスト，電動肘などのいろいろなユニットが製品化されており，各メーカでシステム化されている。スイッチで制御する場合と筋電で制御する場合があ

り，後者は**筋電義手**ともいわれる．

単にハンド部の開閉だけでは制御も比較的簡単であるが，いくつかのユニットを使用する場合は制御も難しくなってくる．しかしながら制御装置も高機能な製品が開発されてきており，徐々に高機能化していくと思われる．一方で普及のためには，安価で多機能な電動義手の開発や電動義手を支給できる社会システムの整備が求められている．

7.2.3 義　足

義足の基本構造は，ソケット，**継手**，支持部，足部で構成される．切断部位による義足の種類としては，片側骨盤用義足，股義足 (hip disarticulation prosthesis)，**大腿義足** (trans-femoral prosthesis)（図 **7.3** (a)），膝義足，**下腿義足** (trans-tibial prosthesis)（図 (b)），サイム義足，足根義足，足根中足義足，足指義足がある．股義足はカナダ式が多い．大腿義足，下腿義足は英語名が変わってきており，従来は大腿義足を AK 義足 (above-knee prosthesis)，下腿義足を BK 義足 (below-knee prosthesis) と呼んでいた．

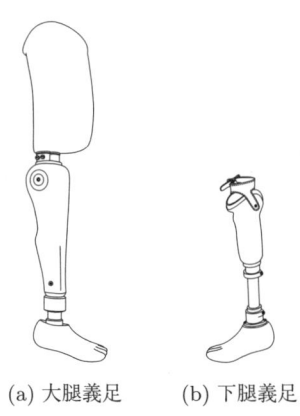

(a) 大腿義足　　(b) 下腿義足
図 **7.3**　義足の例

義足は外骨格型から内骨格型へ変化し，現在では工業製品である各部品を組み上げたモジュラー型の製品が主流になっている．外骨格型では義肢装具士が手作りで作るのが主であったが，内骨格型では各部品の工業製品としての完成

度が高くなり，機能の多様化が実現されてきている。なお，内骨格型では，骨格部の外側にフォームカバー等を足の形に削り出して取り付けて，足の形状を実現している。

　義足の部品の中では，義足と体との接点であるソケットが重要であり，さまざまなものが開発され，使用されてきている。下腿義足は懸垂の仕方により，PTB式，PTS式，KBM式があるが，最近はTSB（全面接触式荷重支持）ソケットが使われるようになった。PTB式は下腿義足用ソケットの標準ソケットであるが，TSBソケットではシリコン製の内ソケットを用いる場合が多く，快適で断端の傷ができにくい。大腿義足のソケットには差込み式ソケット，吸着式ソケットなどがあるが，新しいタイプのIRC（坐骨収納型）ソケットが開発され，多く使われている。

　膝継手は継手軸による分類で，固定膝，単軸膝，多軸膝に分類できる。単軸膝・多軸膝では屈曲伸展が可能であるが，歩行時においても屈曲すれば歩くことができないため，荷重負荷時に屈曲しないように制御機構が組み込まれていることが多い。固定膝では膝を伸展位に固定して棒足として歩く方法があるが，歩容が悪い。

　制御機構による分類では，定摩擦膝，可変摩擦膝，安全膝がある。歩行時の踵接地後に膝に荷重が加わると膝が曲がってしまって荷重負荷ができない状態，すなわち**膝折れ**が生ずるが，安全膝はこのときに膝が屈曲しない機構が組み込まれており，膝折れを起こさない。遊脚期制御，膝の安定性の確保のために油圧，空気圧制御膝を用いている膝継手も開発されている。

　足継手と足部は一体として取り扱われる場合が多いが，古くから使われている足部として単軸足，SACH足があり，特殊な足部としてドリンガー足（作業用足部）がある。単軸足は底屈・背屈が可能な足部であり，SACH足は踵の部分にクッション性がある素材を組み込んでおり，踵接地時にこの部分が沈み込むことにより底屈機能を代償して滑らかな歩行を実現している。また，機能足として底背屈，側屈，回旋運動が可能な多軸足と呼ばれる足部もある。最近では，**エネルギー蓄積型足部**やCFRP（炭素繊維強化プラスチック）などを用い

た板バネ構造の足部も多く見られるようになり，義足で走れる画期的な足部も開発されている．

　義足は切断部位により獲得できる歩行能力が変わる．一般に高位切断になるほど獲得できる歩行能力は低下する．例えば下腿切断から膝離断，大腿切断，股離断と切断部位が遠位から近位になっていくにつれて歩行能力が落ちてくる．この場合には逆に義足を構成する部品の機能が重要になってくる．下腿切断では膝関節が残されているので膝のコントロールは可能であるが，大腿切断では使用する膝継手の機能により歩行能力が変わってくる．膝継手は従来の製品ではほぼ歩く速度が決まっていて，大きく速度を変えて歩くことが困難であった．最近では，歩行速度を変えることができる膝継手も開発され，歩行能力が高い大腿切断者は義足を使っていることがわかりにくくなっている．

　足部についても同様である．従来の SACH 足部や単軸足部に変わってエネルギー蓄積型足部や多軸足部が開発され使用されてきている．歩行時のエネルギーを有効に利用したり足関節部の底背屈以外の動きにも対応して，機能を生かした効率的な歩行が可能になっている．極端な例では，足部を板バネで作って走れるようにした足部（図 **7.4**）もある．パラリンピックなどで走っている切断者はこのようなタイプの義足を使用している．

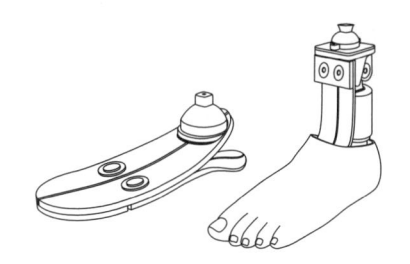

図 7.4 板バネを用いた新型義足足部の例

　多くの高機能な膝継手，足継手，足部などの部品が得られるようになってきているが，必ずしも高機能のものを使用すればよいというわけではない．使用者の目的，要求，歩行能力に合った最適な部品の選択と調整が重要になる．

　義足はソケットと各義足部品との位置関係を調整する必要があるが，これをアライメントの調整といい，調整次第で歩行能力が激変する．部品の選択や調

整が悪いと歩行時に音が鳴ったり，異常歩行が出現して，本来の歩行能力が得られない．このように最適な部品の選択と調整により良好な歩行能力が獲得できるのである．また，標準的な義足では不可能な正座ができる義足や，あぐらがかける義足なども開発されている．

義足には体重の何倍もの負荷が作用することがある．また，義足だけで体重を支持することがあるため，使用時に壊れることが大きな問題になる．丈夫で壊れにくい義足部品かどうかを調べるには，関連JISの規定する静的試験，繰返し試験などの工学的試験が必要である．例えば静的試験では体重レベルごとに負荷値が決められており，静的荷重試験を実施して壊れないかどうかを調べることができる．また繰返し試験では300万回の繰返しの負荷をかけて破損しないかどうかを調べる試験が要求されている．

7.3 装　　具

7.3.1 装具とは

装具は大きく，医療用装具と更生用装具に分類され，医学的治療が完了する前に使用される装具を医療用装具，医学的治療終了後に固定化した変形や機能障害に対処するために使用する装具を更生用装具という．使用目的による分類では，固定保持用装具，矯正用装具，免荷装具，歩行用装具，交互歩行用装具，立位保持用装具，スポーツ用装具，夜間装具，牽引装具，機能的骨折装具などに分類できる．材料，構造，製作工程などによる分類もあり，組立式装具，プ

コーヒーブレイク

健常者は義足や義手の使用がどんなものかわからないが，これを実現しようと面白い試みがなされている．模擬義足，模擬義手である．模擬義足とは，健常な人が例えば膝を折り曲げて取付けできるような下腿義足を製作して義足を試すもので，いろいろな義足足部の違いを確かめることができる．また，模擬義手は健常な人が義手の操作を試すもので，例えば能動義手のフックの操作がうまくできるかどうかを確かめることができる．

ラスチック装具，金属枠装具，軟性装具，硬性装具，モールド装具，モジュラー装具などがある．さらに，エネルギー源による分類では，体内力源装具と**動力装具**（体外力源装具）に分類できる．

装具の基本的な構成部品としては，支柱，継手，半月（カフ），パッド，ストラップなどがある．これらの中で継手が重要な要素であり，下肢装具などによく使われるが，大きく固定式と遊動式に分けられる．遊動式には，制限付き，制限付調節式，補助式，補助付調節式，ロック式，たわみ式などがある．制限付きには，一方向制限付き，二方向制限付きなどがあり，金属製下肢装具用足継手などの例がある．ロック式にはダイヤルロック付きとファンロック付きがあり，関節運動が制限される拘縮などに対して関節の角度を固定するのに使われる．また下肢の回旋変形の矯正にツイスターが，関節可動範囲の調節にターンバックルが使われることがある．

7.3.2 上 肢 装 具

上肢装具の目的は，関節の固定，変形の予防と矯正が主である．装具を使用する部位により多くの種類があり，スプリント (splint) または副子と呼ばれることもある．ISO 9999 によれば装具を使用する部位で装具の名称を決めているため，わかりやすく整理されている．日本語の名称では従来から用いられている語彙がそのまま使われていることが多く，わかりにくい．

おもに JIS T 0101 を参考にすると，指装具は finger orthosis (FO) と表され，MP 屈曲補助装具，MP 伸展補助装具，短対立装具は hand orthosis (HO) と表される．MP 屈曲補助装具はナックルベンダー，MP 伸展補助装具は逆ナックルベンダーとも呼ばれる．長対立装具，手背屈装具，把持装具は手関節装具で，wrist-hand orthosis (WHO) になる．肘装具は elbow orthosis (EO)，肩装具は shoulder orthosis (SO)，機能的上肢装具は shoulder-elbow-wrist-hand orthosis (SEWHO) になる．

指装具は指の IP 関節の伸展，固定，拘縮の矯正を目的として使用され，多くの種類がある．MP 屈曲補助装具，MP 伸展補助装具は MP 関節の拘縮の矯正

に用いる。手関節装具は手関節を目的の姿位に保持したり，固定したり，伸展補助を目的として使用される。対立装具は母指と4指を対立位に保持するための装具である。把持装具は母指を含む手指に筋力低下があるときに母指と2・3指を対立位に保持してこの3指で3点つまみを行う。

肘装具は肘関節の動作の制御に使用し，肩装具は肩関節の動作の制御に使用する。また，肩や肘関節の筋群に障害のある患者のADL介助を目的として**BFO**(balanced forearm orthosis) が処方されるが，これは前腕を支持して食事動作補助などに使用される。

7.3.3 下肢装具

下肢装具も使用部位により多くの種類がある。足部の装具としては足装具があり foot orthosis (FO) という。靴インサート，アーチサポートなどがあり，整形靴（靴型装具）は変形の矯正，疼痛の軽減などの目的で使われる。

短下肢装具は従来 short leg brace (SLB) と呼ばれていたが，現在は ankle-foot orthosis (AFO) と呼ばれている。膝装具は knee orthosis (KO)，長下肢装具は従来 long leg brace (LLB) と呼ばれていたが，現在は knee-ankle-foot orthosis (KAFO) と呼ばれている。股装具は hip orthosis (HO)，また，先天性股脱装具もある。更生用装具ではないが，治療用装具として骨折装具（fracture brace）もあり，多く使われている。

下肢装具の使用目的は，変形の予防と矯正，関節の運動制御が主になるが，対象とする疾患により異なってくる。

脳卒中後遺症の片麻痺患者は，尖足や内反足のために患側に十分な体重負荷ができない。そのため短下肢装具などを処方することにより，変形は矯正され，体重負荷が可能になり，歩行能力が向上する。短下肢装具には両側支柱付き，プラスチック製（図 **7.5**）などいろいろな種類のものがある。プラスチック製については種々のデザインのものや各種継手を組み込んだものなど種類は多い。最近では新しいタイプの継手が多く開発されており，調節機能を組み込んだ適用範囲が広いものも開発され使用されている。

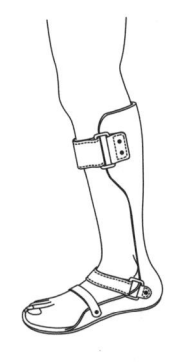

図 7.5 プラスチック製
短下肢装具

　下垂足あるいは尖足のままでは歩行が困難であるが，短下肢装具の装着により足関節が 90° に固定され，十分な体重支持が可能になり，歩行できるようになる．回復状態により処方される装具が異なり，プラスチック製短下肢装具が多く処方されるが，回復レベルが低い場合は両側支柱付き装具，さらに重度な場合には長下肢装具が処方される．

　片麻痺患者は下肢装具の使用とともに杖を併用することが多い．一般的には T 字杖が多いが，安定が悪い場合は四脚杖を使うこともある．

　また，脊髄損傷者のための下肢装具として，交互歩行用装具が開発されている．パラウォーカ (Para Walker), RGO (reciprocating gait orthosis), ARGO (advanced reciprocating gait orthosis), ウォークアバウト (Walkabout) などがあるが，国内でも何か所かでこのような交互歩行用装具の開発を行っている．短下肢装具などは日常的な使用が大部分であるが，交互歩行用装具は訓練などのために使われることが多い．

7.3.4 体幹装具

　体幹装具の処方目的は，不随意運動の抑制・制御，体重の支持，変形の矯正，変形の予防であり，分類についても同様である．おもに JIS T 0101 を参考にすると，仙腸装具は sacro-iliac orthosis (SIO)，腰仙椎装具は lumbo-sacral orthosis (LSO)，胸腰仙椎装具は thoraco-lumbo-sacral orthosis (TLSO) になる．LSO や TLSO は形式によりいくつかの種類があるが，LSO のうち，腰仙

椎装具（軟性）はダーメンコルセットとも呼ばれており，腰痛に対する装具としてよく使われている。

また頸椎装具は cervical orthosis (CO)，頸胸椎装具は cervico-thoracic orthosis (CTO) になる。これらは頸椎の運動制御などを目的に処方される。側彎矯正装具は，側彎矯正装具（ミルウォーキー型）が cervico-thoraco-lumbo-sacral orthosis (CTLSO) または Milwaukee brace と呼ばれ，側彎矯正装具（アンダーアーム型）が thoraco-lumbo-sacral orthosis (TLSO) と呼ばれている。これらは側彎の進行を防止するための保存療法として使われる。

章 末 問 題

【1】 右手を使わないで，左手だけで Y シャツを着てズボンをはいてみよ。つぎに右手に指なし手袋をして同様の動作をやってみよ。手の切断者はどのような動作が不便か考えてみよ。

【2】 模擬義足や模擬義手を試す機会があれば，試してみよ。

【3】 プラスチック製短下肢装具を試す機会があれば，装着して歩行してみて，歩きやすさについて考えよ。片麻痺患者の場合はどのように感じるか想像せよ。

8 建築・交通

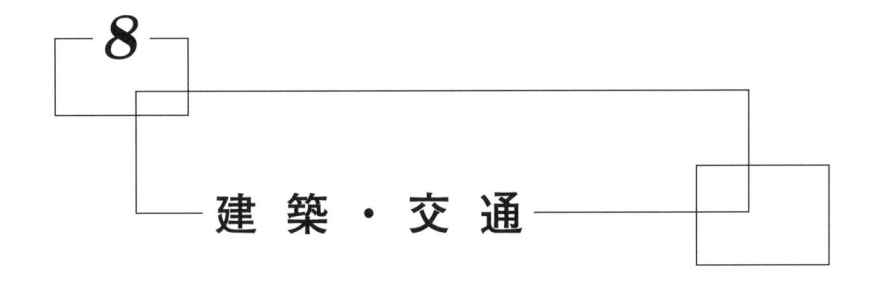

8.1 バリアフリーの歴史

8.1.1 バリアフリーの始まり

　障害のある人の社会参加を妨げる物理的な障壁をバリアと呼び，これを取り除く活動をバリアフリーと呼ぶようになったのは，1974年に開催された国際連合専門家会議からである。

　わが国では，それに先立ち1969年に宮城県仙台市にて，「車いすで街へ出よう」という運動がボランティアグループを中心に始まり，歩道と車道の段差切下げという具体的なバリアフリーにつながり，**福祉のまちづくり**として全国に広がっていった。1976年には神戸市が「神戸市民の福祉を守る条例」を制定し，公共建築物のバリアフリーを条例で定めた。1970年代は，車いす使用者が移動し利用できる道路と公共建築物が関心の中心となった。歩道段差の解消や，建築物の出入口段差へのスロープ設置，車いす使用者専用トイレの設置といった環境整備が行われ，このような改善が行われた建築物の存在を示すガイドブックも各地で発行された。

　一方，歩道段差の解消は，視覚に障害のある人には，歩道と車道の区別が難しくなるという問題が生じた。このため，歩道と車道の境目に凸状の突起を設け，白杖や足で触知できる工夫が点字ブロックとして発明され，全国に普及していった。点字ブロックは（財）安全交通試験センターの登録商標なので，**視覚障害者誘導用ブロック**という一般名称がつけられた。

8. 建築・交通

1974年に日本語訳が出版されたセルウィン・ゴールドスミス (Selwin Goldsmith) の著作,「身体障害者のための生活環境設計」は,わが国のバリアフリー建築設計基準の基本となった。70年代後半から80年代には車いす使用者に配慮した建築設計基準が発表され,公共建築物を中心にバリアフリー建築が浸透していった。しかし,この頃のバリアフリーは障害者専用として計画されたものが多く,特別な出入口や特殊な便所として存在することになった。このため,多くの建築物で使い勝手や使用者の尊厳は重要なものとはされず,義務的対応にとどまっていた。

8.1.2 バリアフリーの進展

公営住宅に関しては,1954年に制定された公営住宅法が1964年と1967年に改正され,高齢者や身体に障害のある人がいる世帯も入居が可能となったが,家族の同居が不可欠であり,単身での入居が可能になるのは2000年以降のことである。しかし,70年代後半には身体障害者特定目的住宅が建設され,全国の地方自治体が建設する公営住宅に広がっていった。

この住宅の構造は,玄関の引き戸や段差のない床,膝入れスペースが配慮された流し台など車いすを使用する障害者に共通した配慮が組み入れられた反面,洗い場床全体を車いすの座面高に合わせて高くした浴室や,同じく高くした和室など,車いすでのアクティビティが高い脊髄損傷者をモデルとした設計であり,車いすを使用するがアクティビティが低く自立した生活が困難な片麻痺の

コーヒーブレイク

車いす使用者が使えるトイレは面積が大きく数人で入ることが可能である。また,一般のトイレとは異なる場所に設置されることも多く,人目に付かないために,本来の目的とは異なる犯罪的な行為に用いられることも少なくなかった。そのため,ある公園のトイレはドアに鍵がかけられ,使いたい人は管理事務所に行って鍵を開けてもらうことになった。車いすを使用している人がトイレを探し出し,管理事務所に行き,トイレに戻って鍵を開けてもらうということ自体ナンセンスだが,なんと管理事務所の玄関には階段しかなかったという落とし穴もあった。

8.1 バリアフリーの歴史

人や四肢麻痺の人には適した住宅ではなかった。

1980年代に入ると，社会の高齢化問題がクローズアップされ，高齢化対策が建築や公共交通の世界にも認識されてきた。障害者対応が一部の少数派対策であることに対し，高齢化問題は市民にも施政者にもやがて訪れる問題であり，近親者が抱える身近な問題であった。ここからバリアフリーはより一般的な問題として積極的に取り組まれることとなった。

1993年には，兵庫県と大阪府が**福祉のまちづくり条例**を制定し，一定規模以上の公益施設に対して，だれもが利用できる環境整備を求めた。翌1994年には国が**ハートビル法**（高齢者・身体障害者等が円滑に利用できる特定建築物の建築の促進に関する法律）を施行した。病院やホテル，商業施設など不特定多数が利用する建築物を特定建築物として，その出入口や階段，トイレなどを高齢者や身体障害者が円滑に利用できるような対応（寸法の確保，手すりの設置など）を建築主は講じなくてはならないとされた。

ハートビル法は2003年に改正され，学校や事務所，共同住宅といった不特定ではないが多数が利用する建築物も，特定建築物として整備することが定められた。また，これまでは建築主の努力義務にまかせられていたが，延床面積 $2000\,m^2$ 以上の特定建築物に対する整備が義務となった。規模要件があったものの，バリアフリー建築の必要性が全国に認識される契機となり，ほとんどの都道府県においてバリアフリーを求める条例が制定される動きにつながった。

1995年には長寿対応型住宅設計指針が建設省住宅局長名で出され，拘束力は持たないものの，住宅金融公庫の融資条件となり，大手住宅メーカを中心に積極的に取り組まれることになった。この動きは，2000年の品確法（住宅の品質確保に関する法律）の施行や，2001年の高齢者居住安定化法（高齢者の居住の安定確保に関する法律）につながり，実効性を持った設計基準として実際の住宅建築に採用されるようになった。

また，1995年度版の障害者白書は「バリアフリー社会を目指して」をテーマに掲げ，障害のある人の社会参加を妨げている四つのバリアの存在を示した。これらは，1) 物理的なバリア，2) 文化・情報面でのバリア，3) 制度上のバリ

ア，4) 心理的なバリアの四つであり，これ以降，免許や資格取得などの分野で行われてきた根拠のない差別的な排除が見直され，障害のある人の制度上のバリアが取り除かれるようになった。

90年代後半に入ると，障害者や高齢者に特化した整備としてではなく，より多様な市民全般を対象とした整備，つまりだれもが使える設備として実現されるようになった。例えば，1980年代までは障害者専用設備として設置し運用されていたエレベータやトイレが，だれもがいつでも自由に使用できるものとして整備されるようになった。このような動きは，アメリカで提唱された**ユニバーサルデザイン**の考え方につながるものである。

2000年には**介護保険法**が施行され，住宅改修に対する費用給付が全国的に制度化されたが，公共空間においても**交通バリアフリー法**（高齢者，身体障害者等の公共交通機関を利用した移動の円滑化の促進に関する法律）が施行された。これは，駅や鉄道車両，バスなどの公共交通機関と，旅客施設周辺の歩行空間のバリアフリー化の促進を図る目的の法律である。1日の乗降客が5000人以上の駅にはエレベータなどの垂直移動を確保することが義務付けられた。ハートビル法が罰則規定のないものであったのに対して，交通バリアフリー法は罰則を伴う拘束力が大きな法律であり，都市部を中心に，鉄道などの公共交通機関が急速にバリアフリー整備されることになった。

2003年にはハートビル法も罰則規定を持つものに改正され，ついに2006年には両者を統合した**バリアフリー新法**（高齢者，障害者等の移動等の円滑化の促進に関する法律）となった。住宅に対しては，2006年に住生活基本法が制定され，住宅供給の基本を量から質の確保に転換し，「高齢者に優しいバリアフ

コーヒーブレイク

1999年にアメリカ最高裁判所は，地域社会の中で居住ができ利益を得ることができる障害を持つ人を施設にて処遇することは，不当で傲慢な対応を続けることであり，個人を孤立させ，地域社会に参加する資格がない無能者と扱うことであるとした。地方議会の措置はADAに違反すると裁定を下したこの判決は，最高裁判所がADAを解釈した最初の判例である。

リー住宅などの普及促進」を掲げるに至った。

　1970年代に始まった対応は狭義の「福祉」としての弱者対策であり，特別なこととして取り組まれてきた。しかし，1990年代以降は，高齢社会の到来を背景に，すべての市民を対象とした普通の取組みに変化してきており，権利に基づくものとして理解されるようになった。この権利としての取組みは，アメリカ合衆国が1990年に成立した**ADA**（障害を持つアメリカ人に関する法律）の影響を受けたものであり，ユニバーサルデザインの考えに基づくものである。

8.2　関連法規

8.2.1　バリアフリー新法

　前節で述べた通り，1994年にハートビル法が，2000年には交通バリアフリー法が施行された。日本における社会のバリアフリー化は，これら二つの法律により，着実に進んだ。しかし，建築物と交通関連のバリアフリー化に対する法律が別々に作られていたために，連続したバリアフリー空間が作られていないこと，それでは移動する者にとって問題であることが指摘されるようになった。そこで2005年に国が**ユニバーサルデザイン政策大綱**をまとめ，ユニバーサルデザインの概念で社会を見直すことを打ち出した。そして2006年にバリアフリー新法が制定された。

　バリアフリー新法における新しい視点は，「身体障害者等」となっていた法律名を「障害者等」とすることで，身体障害者のみならず，知的障害者，精神障害者，発達障害者を含むすべての障害者を対象としていること，これまで対象ではなかった駅周辺以外の地域や都市公園など，日常生活で利用される施設などへ対象を拡大したこと，基本構想策定に当事者参加を義務付けたことなどである。

8.2.2　高齢者居住法

　高齢社会の急速な進行に伴って，高齢者が安心して暮らせる住宅を確保する必要が高まってきた。しかしながら高齢者の事故や病気，家賃の未払いなどを恐れ，高齢者の入居を拒む貸主も少なくない。また持家に暮らす高齢者の中に

は，身体機能に応じた改修をする資金がなく，不適合な家で暮らさざるを得ないという状況に置かれている人も多い。

そこで2001年，**高齢者居住法**（高齢者の居住の安定確保に関する法律，2011年の改正から高齢者住まい法と呼ばれる）が制定された。おもな特徴として，高齢者の入居を拒まない貸主を登録し情報を一般公開することや，高齢者向けの賃貸住宅を建築する際の整備費用および家賃減額費用の一部について，国および地方公共団体からの補助を受けられる制度を設けたこと，60歳以上の人が自宅のバリアフリー工事を行うときに，住宅金融支援機構から融資が受けられること，またその返済は，当該高齢者の死亡時の一括償還とできることなどが定められた。そして高齢者居住支援センターを設立し，家賃にかかる債務保証や，一括償還にかかる債務保証などの業務を行うこととした。

8.2.3 介護保険法

2000年に介護保険制度が始まった。高齢者が可能な限り，自宅で尊厳のある自立生活を送るために，高齢者の持っている能力に応じた保健・医療・福祉サービスを総合的かつ一体的に利用できる制度である。保険給付を受ける資格のある人を被保険者といい，介護保険法では，65歳以上を第1号被保険者，40〜64歳の医療保険加入者を第2号被保険者とした強制加入の社会保険である。個人の生活状態に合わせてニーズを明らかにし，それに対する社会資源，サービスの提供を計画する**ケアマネジメント**という手法を導入し，利用者は自分の意思でサービスやサービス提供事業者を選ぶ仕組みが特徴である。民間事業者の参入が可能となり，質の高いサービスの提供を競い合うようになった。

ここで，介護給付サービスの中の居宅介護住宅改修費について説明する。

住宅改修費は，スロープや手すりの設置，引き戸への変更，滑らない床材への変更，腰掛便器への変更を対象工事とした20万円までの工事費（利用者は1割負担）を支給する。2006年に介護保険制度の改正が行われ，介護の必要のない高齢者や，多少の支援があれば自立できる高齢者の状態をなるべく長く維持できるように，介護予防サービスの中にも住宅改修費の給付が加えられた。

8.2.4 品確法

2000年に**品確法**(住宅の品質確保の促進等に関する法律)が,良質な住宅を取得できる住宅市場を目指し施行された。品確法は,瑕疵(かし)担保責任に関する特例,住宅性能表示制度,住宅専門の紛争処理体制の三つを柱としている。瑕疵とは欠陥であり,契約どおりに工事がなされなかったことをいう。

瑕疵については,新築住宅の基本構造部分(構造耐力上主要な部分,雨水の浸入を防止する部分)について10年間の瑕疵担保責任が義務付けられた。住宅性能表示制度は,住宅の性能を契約前に知ることができるように,共通ルールを定めて,比較検討できるようにしたものである。

住宅性能表示は,構造の安定や防犯など10分野34事項を含む。ここでは高齢者などへの配慮の項目について述べる。等級は1~5までであり,等級1は「住戸内において,建築基準法に定める移動時の安全性を確保する措置が講じられている(階段の手すり設置)」,等級5は「高齢者等が安全に移動することに特に配慮した措置が講じられており,介助式車いす使用者が基本的な生活行為を行うことを容易にすることに特に配慮した措置が講じられている」とされている。等級5は,全等級の中で最も配慮された設計である。共同住宅の場合は,共用部分の等級も追加される。

住宅性能表示の利用の有無は自己選択である。申請があれば,第三者機関(登録住宅性能評価機関)によって評価され評価書が交付される。住宅性能評価書の交付された住宅であれば,指定住宅紛争処理機関へ処理を申請することができる。この機関は長期化することが多い住宅のトラブルを早期解決するため,建築技術の専門家,法律の専門家で構成されており,申請料も1万円と安い。

8.3 海外の状況

8.3.1 北欧

北欧では,1960年代のノーマライゼーション思想に基づき,だれもが住みやすい街づくりや住まいづくりに積極的に取り組んできた。公共交通機関や商業

施設も早くからベビーカーフリーに取り組み，車いすにも優しい街が作り上げられてきた。スウェーデンは1970年代に住宅法を制定し，すべての住宅に訪問可能性を持つことを義務化した。この結果，多くの住宅で基本的なバリアフリーが達成され，居住者が加齢や疾患などで身体に障害を持った場合も，簡単な改修工事をするだけで住み続けることができる住宅が一般化している。

1990年代の欧州連合の成立に向け，ヨーロッパ全域に対して共通のバリアフリー基準が提案されたが，この基準は北欧5か国がすでに制定していた基準よりも低い水準であった。そのため北欧5か国は，ノルディックリマークス（北欧からの意見）として，この基準の修正を求める活動を行った。

8.3.2 アジア

1981年の国際障害者年には，「完全参加と平等」のかけ声の下，世界各地でバリアフリーと差別撤回への取組みが宣言され，1982年からの「国連障害者の10年」として継続的な活動が進められた。しかし，アジアの各地では成果があまり見られず，アジア太平洋経済社会委員会（ESCAP）の主導の下，「アジア太平洋障害者の10年」としてさらに2002年までの10年間継続されることになった。

この事業の一つとして「障害を与えない建築環境の推進」が取り上げられ，各国でのバリアフリー基準の制定やモデル地区整備事業が，日本の専門家の協力の下で進められた。タイのバンコク，インドのニューデリー，中国の北京では，ある一定面積の地域を定め，重点的にバリアフリーの街づくりを推進するモデル地区整備が先導的な役割を果たし，その後各地に広がっている。

8.3.3 アメリカ合衆国

アメリカ合衆国は，1990年のADAに見られるように，障害のある人の人権に敏感な国であるが，20世紀初頭は少し前までのわが国同様に，障害者は収容施設という社会の目から隔離された状態に置かれていた。一般とは異なった外見を持った人々は市民にとって不快だから社会から締め出そうというアグリー

法のような法令が存在していた。

20世紀のいくつかの戦争を通じて，障害を持った退役軍人のリハビリテーションの需要に応えるために，スミス–フェス職業リハビリテーション法が第1次世界大戦時に制定され，たびたび改正されてきた。1950年のポリオの流行を契機に，退役軍人だけでなく一般の障害者のニーズにも応えるようになったが，公共空間の利用を可能にするというアクセシビリティへの配慮はなかった。

1958年の「障害者雇用に関する大統領委員会」の会議で初めて，「障害者にアクセスしやすい建物デザインの任意標準」の開発が提唱された。1961年には米国標準委員会（ANSI）によるA117.1「障害者のアクセスと利用を考えた建築設計」が出され，これが世界で初めて科学的に開発されたデザインガイドラインである。しかし，強制力のない任意標準であり，設計者の関心も低く，実質的な効果は発揮し得なかった。

1970年代には障害者を主流に置こうとするメインストリーミングや自立生活運動が活発になり，アクセシビリティへの関心が高まりを見せた。1973年に公布され1978年に施行されたリハビリテーション法は，連邦政府の資金を用いた領域での障害者差別を禁止した。この中で，プログラムアクセシビリティという考え方が導入された。これは，建物をアクセス可能にするためのコストをかけなくても，アクセス可能な場所でプログラムを実施すればよいとしたものである。1981年には建築交通障害除去委員会(ATBCB)が「アクセシブルデザインの最低ガイドラインと要件(MGRAD)」を発行し，後の連邦統一アクセシビリティ標準(UFAS)の土台となった。1986年には航空運送法が議会を通過

コーヒーブレイク

アメリカのディズニーランドとディズニーワールドは，アトラクションに手話通訳がないことがADAに触れるとして訴えられた。調停の結果，ディズニー側は1週間前までに予約を受けた場合は手話通訳をアトラクションに付ける，予約がない場合のためにすべてのアトラクションに字幕装置を設置することになった。ほかにも，エンパイアステートビルは，車いす使用者でも屋上のフェンスに近付き下界を見下ろせるような改善を行った。

し，航空機利用の権利が保障された。

1988年に公布された公正住宅修正法（FHAA）は，4戸以上の新築集合住宅において，私有公有の別を問わず，アクセシブルな住宅であることを必要とすると定めた法律である。

そしてついに，1990年に「障害を持つアメリカ人に関する法律（ADA）」が成立した。この法律は，障害を理由にした一切の差別を禁止したもので，守るべき設計標準を規定した法律ではない。建物やサービスなどから障害者が差別を受けたと判断した場合に訴訟を起こす権利を付与したもので，司法省が管轄する法律である。ただ，建築物などに対しては，UFASを基本としたADAアクセスガイドライン（ADAAG）が発表されている。ADAは2008年9月に改正され，法の対象となる障害者の判断基準が拡大された。

8.4 公共・公益施設

8.4.1 設計の段階から利用者の参加を

前述のバリアフリー新法，福祉のまちづくり条例などにより，公共・公益施設の整備はかなり進んできた。公共・公益施設とは，不特定多数の利用が想定される建築物であり，病院，映画館，百貨店，郵便局などをいう。不特定多数へ対応する場合はさまざまな障害を想定する必要がある。例えば，段差をバリアとする車いす使用者と段差により位置を確認する視覚障害者とでは求める解決方法が異なり，建築的解決だけでは対応できない。

最近は設計の段階から，さまざまな障害，年齢の使用者に意見を聞いたり，実物大の模型で使い勝手を試したりしながら，なるべく多くの使用者が満足に使える設計を行うことが求められている。設計の段階から利用者が参加することで，設計者や施主は自分たちだけでは気付けなかった要求や要望を発見でき，使用者は自分の要望を伝える機会が得られる。意見交換をする上で，ほかの障害を理解し，利害関係の生じることに気付くこともできる。

このプロセスを踏むことで，より良い建築物となり，使用者の満足度も上が

ると考えられる。しかしすべての要求に応えようとして使い勝手の悪い設計となってしまうこともあるので気を付ける必要がある。そして設計の段階だけではなく，工事中も細かに確認をしていく必要がある。

8.4.2 アプローチの整備

アプローチとは，建築物の出入口に至るまでの通路，例えば道路から出入口までの通路や，駐車場から出入口までの通路などをいう。歩行者，車いす使用者，視覚障害者，ベビーカーを押す人などを対象に，歩行に関する配慮をする必要がある。地面から出入口までに段差がある場合，車いす使用者やベビーカーを押す人のためにスロープや段差解消機を設置する必要がある。視覚障害者の誘導のための音声案内システムや視覚障害者誘導用ブロックの設置も必要となる（図 **8.1**）。

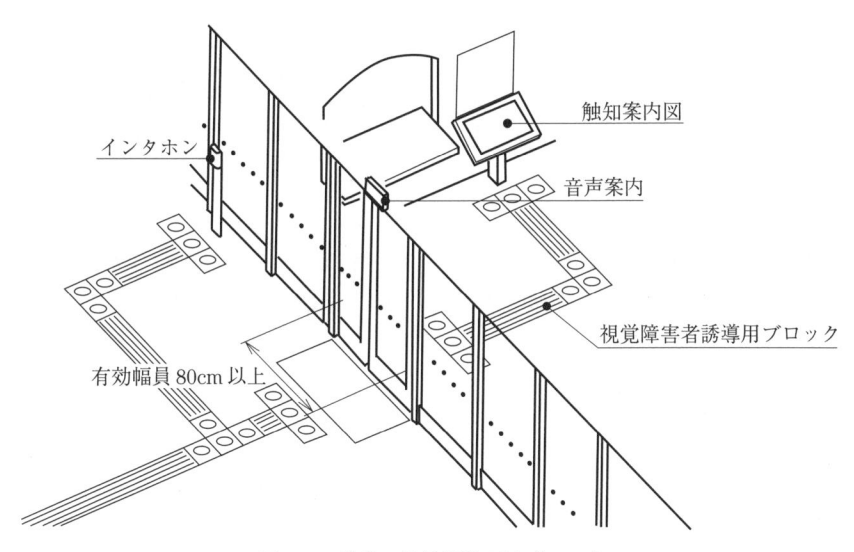

図 **8.1** 公共・公益施設のアプローチ

しかし歴史的建造物など景観を重視した建築物には，スロープや段差解消機が設置できない場合もある。そうした場合は，段差が困難な利用者に対応した別の入口があることを明記する，インタホンを設置し介助者を呼ぶことができ

る，というような別の手段を用意する必要がある．

8.4.3 廊下，階段，エレベータの整備

バリアフリー新法では，特定建築物の廊下幅は 180 cm 以上とし，滑らない床材，手すりの設置を定めている（図 8.2）．また，車いす使用者が利用するトイレや居室が上階にある場合は，エレベータの設置を義務付け，エレベータのかご内寸法を奥行き 135 cm 以上，幅 140 cm 以上と決めている．

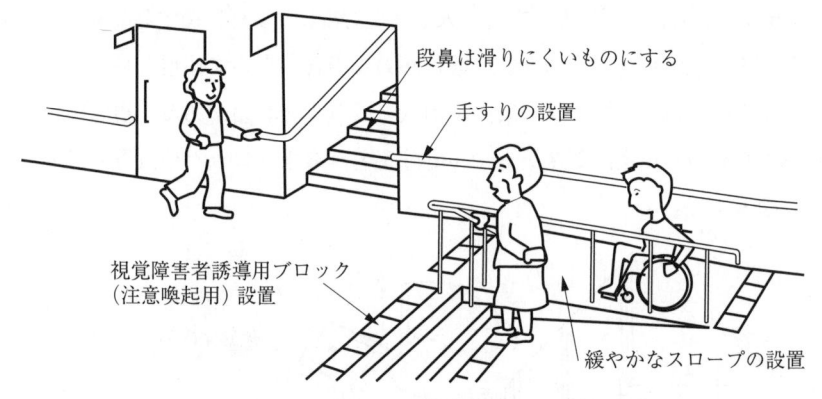

図 8.2 公共・公益施設の階段と廊下

兵庫県では「福祉のまちづくり条例」で，学校において特別教室が上階にある場合や，21 戸以上の共同住宅にもエレベータの設置を義務付けている．

8.4.4 トイレの整備

トイレの整備が進み，障害者の外出の機会は大幅に増えた．**オストメイト**（人工肛門，人工尿路保有者，6.3.1 項参照）対応トイレ（図 8.3）も多く設置され，これまで長時間の外出を控えざるを得なかったオストメイトの人たちが安心して外出できるようになった．最近では，障害者用トイレ，車いす使用者用トイレという名称から，**多機能トイレ**，だれでもトイレ，みんなのトイレといった名称に変える自治体が多く，ブース内の機能は多様となっている．しかしブース内にあらゆる設備を設置することで，使いにくくなる部分があるのも否めない．

多様な機器が設置されると，視覚障害者にとっては使い勝手が悪くなる。視覚障害者はブースに入ると，手で便器の位置を確かめてから便座に座る。そのためスペースの広い多機能トイレは便器の位置がわかりづらく使いにくい。また壁面に配置されたボタンが多く，洗浄ボタンと間違い非常用ボタンを押してしまうということも多い。公共トイレの壁面ボタンの配置を共通にすれば，こうした間違いや不安も解消されるということで，2006年，JIS で紙巻器，便器洗浄ボタン，呼出しボタンの配置が定められ（JIS S 0026:2007，高齢者・障害者配慮設計指針 —— 公共トイレにおける便房内操作部の形状，色，配置及び器具の配置），図 8.4 のように逆 L 字型の配置となった。

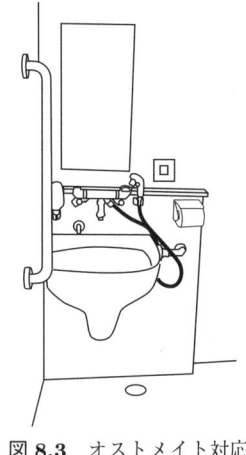

図 8.3 オストメイト対応トイレの例

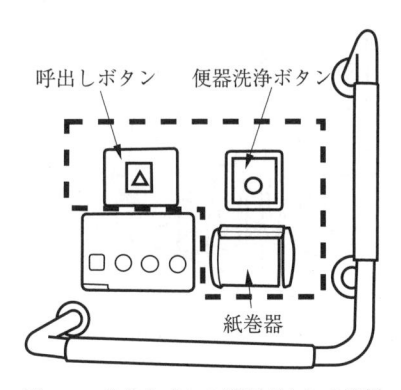

図 8.4 公共トイレの壁面ボタンの配置

8.4.5 駐車場の整備

不特定多数の使用が想定される建築物の駐車場には，少なくとも一つ以上は車いす使用者に使いやすい幅が 350 cm 以上の駐車場を設けなくてはならないことになっている。なるべく建築物の出入口に近い位置に設置し，障害者のための設備であることを示す**国際シンボルマーク**を表示することとされている。

8.5 公共交通機関

8.5.1 利用者の視点を計画に反映

交通バリアフリー法，その後制定されたバリアフリー新法においても，バリアフリー基本構想を自治体が策定する際に，利用者が参画し，さまざまな視点を反映した計画とすることが求められている（図8.5）。また，小中学生や市民を対象としたバリアフリー教室が各地で開催され，ハード面だけでは解決できない部分への対応や，視覚障害者誘導用ブロックの上に駐輪するという問題がないように，モラル向上に向けた取組みがなされている。

図 8.5 利用者の参画の様子

8.5.2 電車，バス，LRT の整備

2005年に開通した福岡市営地下鉄七隈線は，移動に制約のある人（車いす利用者，怪我人，子供連れの人，妊婦など）や，情報制約者（視聴覚障害者，外国人，子供など）に計画段階から参画してもらい，多様な利用者のニーズを計画に反映した。それにより，移動しやすく使いやすい空間，だれにでもわかりやすい情報提供を実現した。ホームと車両の間を段差ゼロ，隙間 50 mm としたこ

8.5 公共交通機関

とで，車いす使用者やベビーカーはそのまま乗降することができる（図 **8.6**）。わかりやすい**サイン計画**により，遠くからでも見えやすい案内や，音声での情報が提供されている。

バスにおいては，車両の乗降口に段差のない**ノンステップバス**が開発され，車いす使用者もバスに内蔵されたスロープを出すことで容易に乗降ができる（図 **8.7**）。兵庫県尼崎市は全国一の普及率を誇り，2009 年には全車ノンステップバス化を目指している。バス車両の整備も必要であるが，ノンステップバスでも実際の利便性はバス停になるべく近い位置に停車する運転手の技術によるところも大きい。バス会社によっては，乗務員の資質向上研修を実施しているところもある。

図 **8.6** 段差なしで車両に乗り込む　　図 **8.7** ノンステップバス

最近注目されている交通網として，**路面電車**（light rail transit, **LRT**）がある。これまでの車両と異なり，超低床式車両を導入している。車両に合わせた低い電停とすることで，道路から電停までの段差は 10～20 cm 程度であり，緩いスロープでアクセスできる（図 **8.8**）。階段やエレベータ，エスカレータ，改札口などの大がかりな設備は必要ない。広島，熊本，岡山，長崎など全国で導入されている。

2006 年に富山ライトレールは，公設民営で開設された。JR 富山港線という利用者が少なくなったため廃線に追い込まれた路線の代替路線として設置され

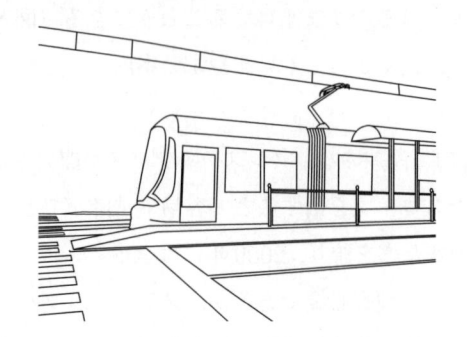

図 8.8　LRT の電停へのアクセス

たもので，市民らの寄付などによる基金方式を取っている。使いやすさと環境への負荷，市民への愛着などを考慮し，バスではなく LRT を採用した。おもな特徴として，電車内に車いすを固定できるスペースが取られていること，通路が広いことなどが挙げられる。

8.5.3　駅舎の整備

ホームにエレベータを設置する場合，ウォークスルーエレベータといわれるエレベータ（通り抜けタイプ，90°回転タイプ）の開発により，これまで設置が困難であったホームへの設置も可能になった（図 8.9）。

また，視覚障害者がホームから線路へ転落する事故が多く生じている。この対策として，ホーム側に**ホームドア**といわれるドアのある駅が増えている（図 8.10）。電車が駅に入ってくるまでホームドアは閉まっており，電車が停止し

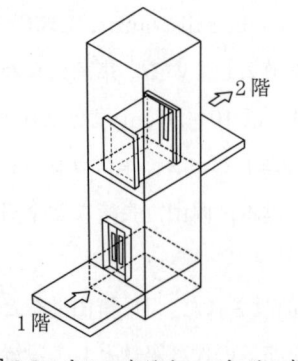

図 8.9　ウォークスルーエレベータ

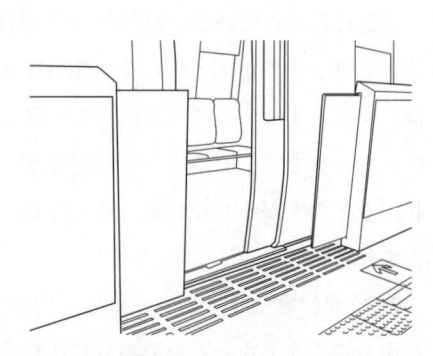

図 8.10　ホームドア

てからホームドアが開き，電車のドアが開く．このことによって線路への転落事故を防ぐことができる．しかしこれは電車のドアの位置がすべて同じ位置にある路線にしか適用できない．

どの駅にも対応できる方法として，ホームに平行に敷設される視覚障害者誘導用ブロック（点状ブロック）のホーム側に線状のブロックを追加することで，安全なホーム側を示すことになった（図 8.11）．これによってホームに立ったときに，どちらが線路側であるかがわかるようになった．そのほか，改札口の一つは，車いす使用者，ベビーカーを押す人，大きな荷物を持つ人などが使いやすいように，幅の広い改札となっている．

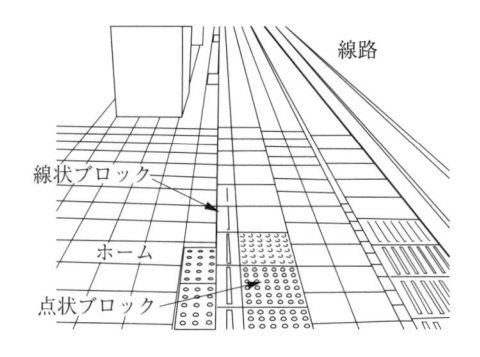

図 8.11　ホームの視覚障害者誘導用ブロック（線状ブロックと点状ブロック）

8.5.4　旅客機，船舶の整備

航空旅客ターミナル施設の旅客搭乗橋（航空旅客ターミナル施設と航空機の乗降口の間に設けられる設備）に関する基準が定められている．幅は 90 cm，勾配は 12 分の 1 以下であること，手すりが設けられていること，ターミナル施設の改札口の一つは幅 80 cm 以上であることなどが定められている．そのほか手荷物検査を行う保安検査場に関する規定も定められている．

旅客船ターミナルにおいては，船舶に乗降するためのタラップそのほかの設備の設置基準が設けられている．車いす使用者が持ち上げられることなく乗降できる構造であること，幅は 90 cm 以上であること，手すりが設けられていることなどが定められている．

8.6 道路・サイン

　経済優先の道路行政と無秩序な街づくりの結果，住宅地の中でさえも安心して歩ける道や遊べる道は少ない．高齢者や障害のある人も安心して歩ける道にするにはどのような配慮が必要だろうか．また，初めて訪れるところで，感覚機能や認知力，あるいは言語力が多様な人が迷わずに目的地にたどり着くためには，どのような案内サインが提供されるべきだろうか．

8.6.1 道　　路

　歩道のアクセシビリティに関しては，肢体不自由者などが感じる移動系の障害と，視覚・聴覚障害者などが感じる情報系の障害とで共通する項目と独立した項目および対立する項目がある．

- 共通する項目：歩車分離されていない歩道，速い速度で走る車，経路上に置かれた看板などの障害物，ほかの歩行者や滞留中の人，滑りやすい路面，オープンな側溝
- 移動系障害に固有の項目：敷地境界線の段差や階段，穴の大きなグレーチング，狭路，信号機の青時間の短さ
- 情報系障害に固有の項目：騒音，看板などの視覚的混乱，状態がわからない信号機，方向感覚を失いやすい非直線道路，壁から張り出した突起

コーヒーブレイク

　慢性呼吸不全などで在宅酸素療法を行う人は，携帯用小型酸素ボンベを専用キャリーに積んで持ち運ぶことによって，外出が可能になる．車いす使用者だけではなく，このような人の外出にも，バリアフリー環境の整備はおおいに貢献している．車いす使用者のみを乗降させる階段昇降機も，移動を解決する1手段ではあるが，より多くの人にとって使いやすい街づくりをこれからも考えるべきである．

物，門型の構造物，後方からの自転車や自動車
- 対立する項目：視覚障害者誘導用ブロックの存在，歩道と車道の間の段差

（1）歩道の構造　バリアフリー新法では，自動車交通と分離された**歩道**の確保が，つぎのように定められている。歩車分離された歩道には，車道よりも歩道を高く上げたマウントアップ型と，同じ高さの車道と歩道を縁石やガードレールで区切ったフラット型，および歩道をブロックなどで舗装して少し高くしたセミマウントアップ型があるが，バリアフリー新法の移動円滑化基準では，高さ15 cm以上の縁石で区画された，5 cm高さのセミマウントアップ型を求めている（図 **8.12**）。

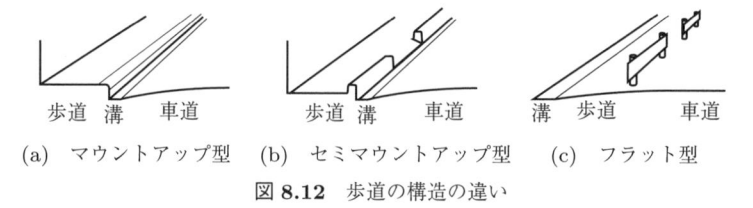

(a)　マウントアップ型　(b)　セミマウントアップ型　(c)　フラット型

図 **8.12**　歩道の構造の違い

舗装は透水性とし，原則として縦断方向は5％以下，横断方向は1％以下の勾配としている。横断歩道部など車道との接道部分の段差は2 cmを標準としている。歩道の有効幅員は2 m以上を連続して確保することとしており，車いす使用者同士のすれ違いに配慮している。また，主要施設やエレベータなどには，視覚障害者誘導用ブロックの敷設や点字や音声による案内施設の設置を求めている。高齢者や身体障害者の移動円滑化のため，立体横断施設（歩道橋）には道路用エレベータの設置を原則としている。そのほか，バス停や路面電車停留所，自動車駐車場などにも移動円滑化の配慮が求められている。

（2）信号機　移動円滑化のための信号機への配慮としては，LEDの採用による歩行者用信号機の視認性向上が挙げられるが，音響信号機や歩行者用青時間延長も，専用設備として以前から組み入れられていた。

（3）情報提供　交通や道路など公共空間を移動するには，どのような経路が良いのか，また経路上にどのような設備があるのかといった情報を事前に入手できていることが，円滑な移動を行う上で重要である。特に，不慣れな

土地へ旅行する場合は，十分な事前情報が得られないと出かけること自体をあきらめざるを得ない。

最近では，行政やNPO，ボランティアグループなどが各地のアクセシビリティの状況を調べ，情報公開しているWebサイトが増えてきている。以前は，冊子などのガイドブックが各地で発行されていたが，情報の更新に対応することが難しかった。Webサイトを利用することで，工事中などのタイムリーな情報が提供でき，利用者側や事業者側からの情報提供も可能となる。また，視聴覚の状態に応じた情報を提供できることも利点として挙げられる。

8.6.2 サ イ ン

初めて訪れる街や建物では，目的の場所がどこにあるのかがわからないことは大きな不安要素となる。特に移動障害やコミュニケーション障害がある人では，探しまわることで大きなエネルギーを消耗してしまう。必要な情報を的確にわかりやすく提供することは，だれにとっても重要なことである。**サイン**には視認性（見やすさ）と認識性（意味のわかりやすさ）の両面が求められる。視認性は，全体のサイズ，使用する文字の大きさ，字体，図と地のコントラスト，文字数，ノイズとなる周囲のサインの存在，照明を含めた照度，などの影響を受ける。一方，認識性は，情報量，文章，言語，図記号（ピクトグラム）などの図形や画像の有無，統一性などの影響を受ける。

全体のサイズや文字の大きさはサインがどの程度離れた位置から見られるかという，視距離によって決定される。字体は明朝体よりもゴチック体の視認性が高いが，最近，読取りミスを少なくする字体も開発された。図と地のコントラストは，明度差，色相差，彩度差の組合せで決まるが，白や黄色などの前進色を暗色系の後退色の背景に用いると視認性が向上する。色相差を用いる場合は，赤と緑の組合せを避けるなど，色弱の人に対する配慮が求められる。認識性を高めるには，伝達すべき情報量を削ぎ落とし，単純で統一性のある図記号を用いるとよい。図記号は従来それぞれの建物やイベントなどで独自にデザインされてきたが，2001年に**標準案内用図記号**として125種類が提案され，2002

図 **8.13** 標準案内用図記号の例（左からエレベータ，電車，バス，航空機）

年にはそのうちの 10 種類が JIS Z 8210 として規格化された（図 **8.13**）。

多言語対応も必要であるが，情報量が増えることで，認識性が低下しないように表現に工夫しなくてはならない。地域にもよるが，日本語，英語，中国語，ハングルの 4 か国語が併記されることが多い。

統一性という点では，例えば出口方向のサインは黄色とし，入口方向は青や緑系統で揃えるということが地下鉄駅などで採用されている。これは，非常事態に視認性が高く注意喚起の意味を持つ黄色に従わせる目的もある。地図による経路情報や位置情報の提供もよく行われるサインであるが，視野の向きと地図の向きが異なる場合には認識性が低下することが多い。また，平面図である地図の視点で実際に見ることはできないため，見えるとおりのイラストで表現する地図も登場している。ただし，視界から隠れる場所の情報が表現できない欠点がある。

視覚情報で提供されるサインは視覚に障害のある人には役に立たない。線や面を立体的に浮き上がらせ，点字で説明を表記した**触知案内図**が設置されることがあるが，その存在自体がわからないことが問題である。触知で把握できる範囲には限りがあり，複雑な空間把握は困難なことが多い。最近は，音声案内を組み込んだ触知案内図も増えており，目的地のボタンを押すことでそこまでの経路の案内が聞ける（図 **8.14**）。しかし，経路を音声でガイドするには適切な内容でなくてはならず，もともと理解が容易な空間構成でなければ誘導することが難しい。2 章で紹介した IC タグと携帯端末を利用した，経路に沿って随時情報を提供できるシステムが望ましい。

8. 建築・交通

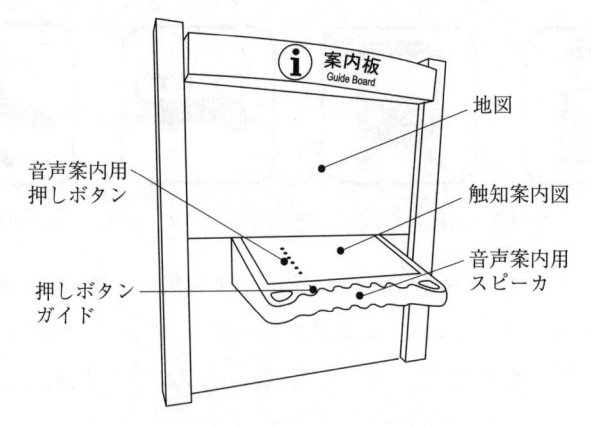

図 8.14 音声案内を組み込んだ触知案内図の例

章 末 問 題

【1】 車いすを使用して町の中を移動し，バリアと感じる場所，ものについて調べよ。
【2】 自分の暮らす町の中で，障害者に対して配慮されていると思うものを探し，どのような点が良いのか，どのような障害者に対して良いかを挙げよ。
【3】 電車，バスなどの公共交通機関を利用する障害者が感じるバリアについて考えよ。

9 ユニバーサルデザイン

9.1 ユニバーサルデザインとは

9.1.1 多様性の理解

ユニバーサルデザインという言葉は，1985年に，当時アメリカのノースカロライナ州立大学ユニバーサルデザインセンター[†]所長であったロン・メイス（Ron Mace）が初めて使ったとされている。ユニバーサルデザインは，性別，年齢，人種，能力の多寡にかかわらず，すべての人にとって使いやすいものであること，機能的で魅力的なデザインであることを意味する。これは，「すべての人々はなんらかの障害を持っている」＝「健常者など存在しない」という考え方がベースとなっている。大きな荷物を持った人，怪我をして松葉杖を使用している人など，一時的に障害を受ける環境にある人を考えるとうなずける。

ラルフ・キャプラン（Ralph Caplan）は，「良識ある社会ならユニバーサルデザインを使う必要がないであろう，なぜならそこでのデザインはもともとがそうであろうから」と述べている。エリザベス・チャーチ（Elizabeth Church）は，「ユニバーサルデザインは，つねに他人事である特別の要求としてではなく，自分自身にも起り得る要求であるということを意味する」と指摘している。

後述するが，アメリカの歴史の中から生まれたユニバーサルデザインという概念は，障害や性別，年齢，能力の多様性を認めること，理解することから始

[†] 正確には，1985年当時はアクセシブル住宅センター。後にユニバーサルデザインセンターに改称。

まるのだといえよう。

世界的に，ユニバーサルデザインをうたった車や家電製品などが開発され，徐々に市民レベルへ浸透している。ライターやファクシミリ，携帯電話など多くの人が利用している製品や，子供や外国人にも理解しやすいピクトグラムといわれる絵による表示など，ユニバーサルデザインの概念はますます広がりを見せている。

9.1.2　ユニバーサルデザインの 7 原則

ユニバーサルデザインセンターでは，1995 年にユニバーサルデザインを「最大限可能な限り，あらゆる年齢層・能力を持つ人々にとって使いやすい製品・環境を追求したデザイン」とし，つぎに挙げる七つの原則を定義した（**表 9.1**）。

表 9.1　ユニバーサルデザインの 7 原則[†]（Copyright 1997 NC State University, The Center for Universal Design, 邦訳は著者）

1：すべての人に公平に利用できること	equitable use
2：使う上で選択肢があり自由度が高いこと	flexibility in use
3：使い方が簡単ですぐわかること	simple and intuitive use
4：必要な情報がわかりやすいこと	perceptible information
5：危険やミスを最小限にすること	tolerance for error
6：無理のない姿勢，力で使用できること	low physical effort
7：使用に適した大きさや空間であること	size and space for approach and use

この 7 原則を，例を挙げて説明する。

1) すべての人に公平に利用できること（equitable use）

　　階段，エスカレータ，エレベータが，入口からわかりやすい位置に集めて設置されており，自分の状況，体調に合わせて，好きなものを選択できる（**図 9.1**）。

[†] この 7 原則は以下の 10 名によってつくられた。ベティ・ローズ・コンネル，マイク・ジョーンズ，ロン・メイス，ジム・ミューラー，アビル・マリック，イレーヌ・オストロフ，ジョン・サンフォード，エド・スタインフェルド，モリィ・ストーリィ，グレッグ・バンダーハイデン。

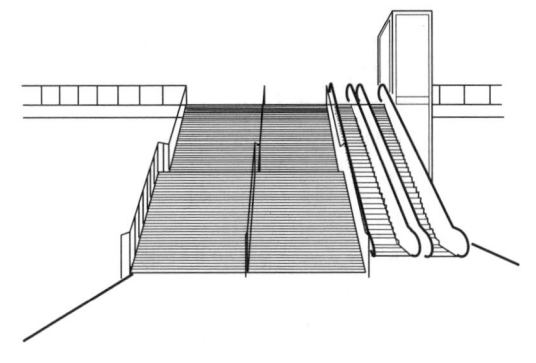

図 **9.1** 階段，エスカレータ，エレベータの組合せ

図 **9.2** 高さ調整のできるテーブル

図 **9.3** わかりやすいリモコン

2) 使う上で選択肢があり自由度が高いこと (flexibility in use)

　　用途に応じて高さ調整のできるテーブルで，立作業も含めて使いやすい高さに合わせることができる（図 **9.2**）。

3) 使い方が簡単ですぐわかること (simple and intuitive use)

　　数字の表示やボタンが大きく，複雑な操作がなく，わかりやすいリモコン（図 **9.3**）。

4) 必要な情報がわかりやすいこと (perceptible information)

　　大きな文字で書かれていること。英語表記があり，図記号で表示されていて，情報がすぐに理解できる（図 **9.4**）。

5) 危険やミスを最小限にすること (tolerance for error)

　　ホームドアと電車の間に入ってしまって線路に落ちないように，ゲー

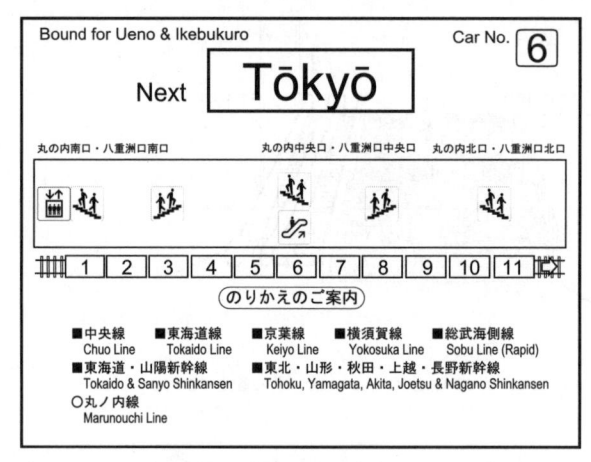

図 9.4　JR 車両内の案内表示

図 9.5　ホームドアと進入禁止ゲート

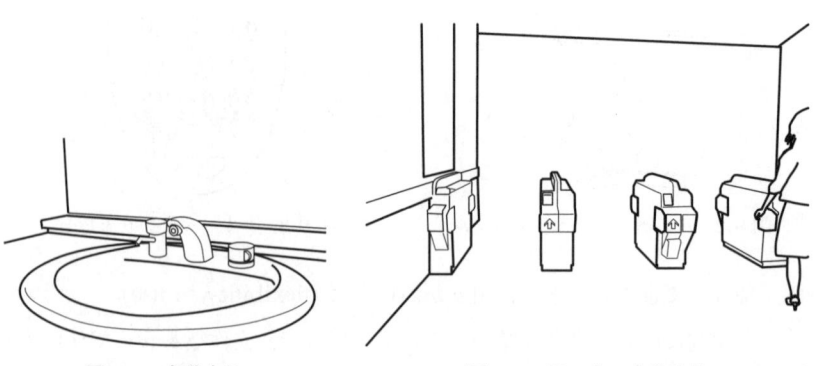

図 9.6　自動水栓

図 9.7　幅の広い自動改札

トが付いている（図 **9.5**）．

6) 無理のない姿勢，力で使用できること (low physical effort)

　　グリップやレバーハンドルを操作しなくても，手をかざすだけで水を出すことができる蛇口（図 **9.6**）．

7) 使用に適した大きさや空間であること (size and space for approach and use)

　　通路に十分なスペースがあるため，車いす，ベビーカーもそのまま通過することができる（図 **9.7**）．

9.2 ADAとユニバーサルデザイン

9.2.1 ADA 成立

8.3.3項でも述べたように，米国では1960年代の人種差別撤廃や1970年代の性差別撤廃に続き，1990年に障害を理由にした一切の差別を禁止した **ADA**（障害をもつアメリカ人に関する法律）が成立した。この法律は雇用や生活，情報通信などあらゆる場面において，障害があることでなんらかの差別を受けた場合に，相手を訴えることができるというもので，公私や規模の大小を問わず適用される。米国司法省のWebサイトには過去の訴訟や調停の経緯が掲載されているが，多種多様なケースに及んでいる。

成立から年数を重ねるにつれてADAは米国社会に定着し，障害のある人の社会参加を有形無形の両面から大きく前進させた。その影響は先進国での同種法律の制定（例えば，英国とオーストラリアのDDA（Disabled Discrimination Act，障害者差別禁止法））から国際連合の障害者差別禁止決議にまで及んだ。

9.2.2 差別禁止のスマートな実現

ADAは民間事業者にとっては脅威として受け取られた側面も否定できない。ADAアクセスガイドラインというガイドラインは存在しているものの，いつ訴訟されるかもわからない。ガイドラインを遵守するための改善には費用もかかる上に，改善の結果が，障害のない顧客にとっては魅力を損なう結果になる可能性も否定できない。

例えば，アプローチの階段を斜路にするために，鉄板を渡したり，階段に金属パイプの手すりを設置したりすることで病院や施設のような外観に変化し，それまでの雰囲気を壊してしまうことも考えられた。あるいは，分譲共同住宅などで，アクセシビリティを確保することが，当面必要性を感じない消費者には余分なコストとして受け取られてしまい，顧客にとってのメリットとは理解されないことも考えられる。このようなケースでは，アクセシビリティの確保が

多くの人にとってマイナスとして作用することになる。

　ユニバーサルデザインの概念は，このような状況を打破する新しい考え方として米国社会に受け入れられた。アクセシビリティの確保，あるいはそれにとどまらない使いやすさの工夫が盛り込まれることで，障害のある人だけでなく，より多くの消費者にとって大きなメリットを与える可能性が示唆されたのである。

　ADA が必要条件としてのアクセシビリティを認知させ，ユニバーサルデザインはそれを負担としてではなく，社会的なメリットとして取り組むべきものとして受け入れさせたともいえる。

　ユニバーサルデザインは，使用者の**多様性**の理解をベースとして，だれもが同じ機会を得ることを目的としている。ユニバーサルデザインは，「使用者の性別，年齢，人種，能力の多寡にかかわらず，だれもが使えるように設計段階から最大限の努力を図るべきである」とロン・メイスが述べているように，使用者を可能な限り差別しないことを前提としている。特別なものや特別な場所ではなく，みんなと同じものをみんなと同じように使用することが差別を感じないことであり，ADA の精神につながることである。つまり，米国の社会は ADA という人権擁護の法律を，ユニバーサルデザインという手段で現実のものとしたといえる。

9.3　製品のユニバーサルデザイン

9.3.1　製造業界の取組み

　日本においては，工業製品メーカがユニバーサルデザインに積極的な取組みを始めている。事務用品メーカが火付け役を果たし，家電メーカや自動車メーカ，情報機器メーカ，住宅設備機器メーカなど多くの大手企業が企業戦略としてユニバーサルデザインへの取組みをアピールするようになった。

　2002 年に横浜市で開催された国際ユニヴァーサルデザイン会議 2002 を契機として，製造業や住宅，建設業など広範囲な企業が結集して国際ユニヴァーサルデザイン協議会が組織され，企業の取組みは本格化した。2006 年には第 2 回

9.3 製品のユニバーサルデザイン　　145

国際ユニヴァーサルデザイン会議 2006 が京都で開催され，多数の企業がポリシーだけでなく，具体的な製品展示を含めて豊富なプレゼンテーションを行った．もはや，製造業にとって，ユニバーサルデザインは顧客満足度を高める上でも，社会的責任を果たす上でも，エコロジカルと同様，避けることができないテーマの一つとなっているといえる．

9.3.2　ユニバーサルな製品づくりの課題

本来できるだけ大多数の利用を想定すべき公共交通や公共空間，あるいはストリートファニチャなどのパブリックデザインに比べ，個人向け製品は個々の消費者が抱える固有の問題に対応すべきであり，みんなが使っているものが求められるとは必ずしもいえない．個性的であることや，パーソナルフィットに価値が見いだされることも多い．ユーザの 100 % が満足する製品を作ることは不可能であり，もし実現してもだれもが不満を感じる製品となるかもしれない．95 % 値のユーザを対象とすることは可能であろうし，それを 97 % 値に高めることも可能かもしれない．しかし，そこで除外される 5 % や 3 % に含まれる，ユーザになり得ない人々の多くは障害のある人や，外国人である可能性が高く，これでは従来のものづくりと本質的な違いはないことになる．個人的に使用する製品をユニバーサルデザインとするには，どのような取組みが必要だろうか．

コーヒーブレイク

　米国で生まれたユニバーサルデザインという言葉は，北欧で発達したノーマライゼーションの考え方や補助機器のデザインの影響を受けたものであるが，1990 年代にはヨーロッパにその考え方が伝播していった．英国では，障害のある人もともに包含して考えようとする**インクルーシブデザイン**という用語が誕生した．欧州連合は，連合内の取組みとして「すべての人のためのデザイン」という意味で**デザインフォーオール**というキャンペーンを展開した．

　それぞれに微妙なニュアンスの違いはあるが，ほぼ同じ概念であり，決して異なるものではない．米語と英語の違いであり，多言語国家としての欧州連合が直感的でわかりやすい用語を採用しただけともいえる．それぞれに細かな差異を探すよりも，同じものとして理解するべきである．

ロン・メイスは「最大限の努力を図ること」としているが，どこまでをユーザとして含め，どこからは切り捨てるのかということを設計者が認識しているかどうかが，従来のものづくりとの違いの一つである。製品としての価値を高めるのがユニバーサルデザインの理念であり，コストを度外視しても特別な解決を提供する支援技術との違いである。このため，妥当性を欠くほどの仕様を盛り込むことはできない。

対策の一つとして，使用者を障害者としてではなく，能力の制限として理解することが挙げられる。これは，目が見えない人としてではなく，目で見ることができない状態として考える方法である。一時的な障害（困難）は状況次第ではだれでも経験することであり，環境条件への不適合を障害として理解すれば特別なことではなくなってしまう。朝日や夕日が当たって信号機の色がわからないことはないだろうか。傘を差して荷物を持っている人には，ポケットの鍵を取り出して鍵穴に差し込むことは困難な動作であり，手が不自由な人と同じ困難さを感じることになる。だれにも，視覚や聴覚がふさがれたり，両手がふさがれたり，意識や判断力が低下したりするときがある。

このような状態に配慮することはマイノリティのための特別な対策ではなく，製品をより親しみやすく，使いやすくする工夫であり，多数のユーザに喜ばれる機能向上である。つまり，障害者という特別な人のための特別な対策と考えるのではなく，不便を感じる状況をなくすことと考えることで，通常の製品設計において当然取り組むべきテーマであると理解することができる。

コーヒーブレイク

　共用品は，視覚に障害のある人も使えるように製品に小さな突起を付ける，「小さな凸」運動に端を発したもので，シャンプー容器の凸やプリペイドカードの切込みなど日用品の中に浸透している。障害のある人もない人も同じ製品を使用できるようにという配慮を盛り込んだ製品づくりという点では，ユニバーサルデザインであるともいえるが，特定の機能障害に対する配慮に限られており，すべての人が対象にはなっていない。しかし，この結果として，具体的な製品となり得ているともいえる。

9.3.3 特殊解を一般解へ

当初，障害のある人を対象に開発されたものが，障害のない人にも広く使われるようになった例も少なくない。例えば，シャワートイレは上肢に障害のある人のための特殊な設備として開発されたが，現在では普通の製品として普及している。当初は非常に高価な製品であったが，普及に従い安価に提供されるようになるとともに，バリエーションも増え，ますます多様なニーズに応え得るようになった。現在では，触知できる大型押しボタンスイッチ付きのリモートコントローラが装備され，いっそう多様な機能障害に対応できる製品に進化している。

光と音の両方で報知するチャイムや，モータで背中が上下する電動ギャッチベッドも，特別に組み込まれた機能が，障害のない人にもニーズとして存在していることが明らかになり，使用範囲が拡大していった例である。

逆に，振動で着信を知らせ，メールという文字情報を交換できる携帯電話は，障害のない人のニーズに応える開発が，障害のある人のニーズにも合致した例といえる。もともとマジョリティを対象に開発された機器であるため，使用する上での抵抗も低く，価格も安く，入手も容易なものであった。障害のある人々への普及が進むにつれ，さらにきめ細かなニーズに対応する製品や，サービスが開発されるようになってきている。

これらは，メーカ側が障害のあるユーザの存在と彼らのニーズにどのように敏感に反応するかという問題に帰結する。多様なユーザの存在を認識し，彼らのニーズを理解し，それに対応する方策を特殊解としてではなく一般解として解決するところに，ユニバーサルデザインのものづくりがあるといえる。

9.4 情報のユニバーサルデザイン

9.4.1 情報アクセスの重要性

いまや，情報を制する者は世界を制する世の中である。情報へ自由にアクセスすることは，建築物や交通にアクセスすることと同じく，あるいはそれ以上

に重要な権利の行使である．テレビやラジオ，新聞，雑誌などのマスメディアへのアクセスだけでなく，現在ではインターネットや電子メールなどのディジタル情報へのアクセスも重要なものとなってきた．これらディジタルメディアへのアクセスは，情報の受け手という立場だけでなく，情報の発信者としての立場も手に入れることができる点で従来とは大きな変化を与えるものといえる．

このようなネットワークを介した情報へのアクセスには，ハードウェアとしてのパソコンや携帯情報端末，あるいは携帯電話などの使用性だけでなく，提供されるコンテンツやソフトウェアの使用性も重要な意味を持つ．米国リハビリテーション法508条は政府資金が入った事業における情報機器の調達において，障害者対応機器の選定を義務化し，米国通信法255条では情報通信技術の**アクセシビリティ保障**を定めている．

Webへのアクセシビリティは，米国で主導的に進められ，W3C (The World Wide Web Consortium) という Web 技術の標準化を決定する組織の下部組織である WAI (The Web Accessibility Initiative) がガイドラインを作成し，世界各国へ広がりを見せている．

わが国では，経済産業省が JIS X 8341「高齢者・障害者配慮設計指針」として規格を制定した．この規格は5部からなり，第1部は「共通指針」として，パソコン，携帯電話，ソフトウェア，サービスなど情報処理機器・サービス全般を対象とする規格を定めている．第2部は「情報処理装置」であり，パソコン等情報処理装置，周辺装置，ソフトウェアについて定めている．第3部は「ウェブコンテンツ」であり，ブラウザなどを用いてアクセスする情報・サービスのあり方を規定している．なお，第4部は「電気通信機器」，第5部は「事務機器」を規定している．

9.4.2 アクセシビリティの問題

（1）視覚障害の場合 視覚障害者には，音声合成装置を利用した「スクリーンリーダー」などの読上げソフトが利用されてきた．文字情報であれば，左上から右下へ向かって読み上げたり，別途接続された点字ディスプレイ上に振

9.4 情報のユニバーサルデザイン

動する点の集合として点字のように表し，触知したりすることができる．しかし，図形などグラフィック情報へのアクセスは難しい．特にフラッシュなど動きのあるオブジェクトや，マウスがその位置に来たときのみ表示されるコンテンツは大きなバリアになる．

ウェブ上のグラフィックに対しては，マウスがその上に来たときに表示される（読み上げられる）代替テキスト（ALT）属性が用意されている．また，現在主流のマルチウインドウシステムでは，どのウインドウを読上げの対象にするのかを指定することが難しい．

一方，ロービジョン者では，文字サイズや色彩の組合せが問題となる．色覚に問題がある人の場合は，色彩の組合せに加え，色のみに頼った識別を求めないような工夫も必要になる．

（2）**聴覚障害の場合**　エラーやメール着信などシステムの状態を示す音声信号の認知が困難となる．このため，画面の一部や全体をフラッシュさせる対応が求められる．

（3）**上肢障害の場合**　操作上の問題に集約され，マウスなどのポインティングデバイスやキーボードの操作性が重要な問題となる．ポインティングデバイスにトラックボールやタブレット，あるいはOSが用意しているカーソルキーによる代替入力などが用いられる．キーボードに関しても，大型や小型のキー

コーヒーブレイク

電話機や電卓など0から9の数字キーが並んだスイッチはテンキーと呼ばれ，5のスイッチに小さな突起を付けて触知できるようになっている．しかし，電話は1が左上に，電卓は1が左下に配置されている．使おうとしている機器が電卓か電話かは判断できる場合が多かったが，最近はファクシミリ機能付きのプリンタやコピー機などの複合機能を有した機器が増え，どちらの配列が用いられているのかがわかりにくくなっている．このため，5の位置だけでなく，1の形を浮き上がらせて触知できるようにすることが求められている．

ちなみに，配置が異なる理由としては，電話は1から始まり0までであり，電卓は0から9までという並び方によるという説や，電話は垂直面に電卓は水平面に設置されたからだという説など諸説いりみだれている．

ボードや，タブレットを用いたポインティング，画面上に表示されるオンスクリーンキーボードを用いた入力など，多様な代替方法が確立されている。

オンスクリーンキーボードは，画面上に表示されるキーボード上を移動するマークの位置を，タイミングに合わせて信号を送ることで選択する技術であり，わずかな反応しかできない重度な障害を持っている人が対象となる。このほか，目的のキーを見つめるだけで選択できる視線入力装置も開発されている。

このようなパソコン入力装置や表示装置を含め，コミュニケーションの確立を可能とする機械装置を **AAC**（拡大代替コミュニケーション機器）と呼ぶ（5.1節参照）。

9.4.3 Webアクセシビリティの検査とわかりやすいインタフェース

前述したWebアクセシビリティガイドラインは，多くの項目にわたっており，整合性を確認するのは大変である。このため，情報機器メーカはWebアクセシビリティの検査を自動的に行い，問題箇所をリストできるソフトウェアを開発し無償で提供している。世界的にはアメリカで開発されたBobby Checker

---

コーヒーブレイク

色覚障害は伴性劣性遺伝であり，男性の約5％に発生する。色覚は赤，緑，青のそれぞれの光に敏感な3種類の錐体細胞によって感知されるが，赤か緑の錐体細胞がなかったり（色盲），赤と緑の錐体細胞の特性が類似しているために分光感度がずれたり（色弱）して，赤と緑の識別が困難になることが多い。一般に赤緑色弱（色盲）などと呼ばれる。遺伝性だけでなく，疾患によって色の見え方に変化が生じることもある。白内障は，水晶体が白濁するため短波長帯の光が散乱しやすく，長波長帯の色にずれて見えるようになる。また，糖尿病性網膜症や黄斑変性症などによって網膜に障害が生じると色覚にも影響が出ることがある。網膜上の色素細胞の分布は異なるので，損傷部位によって多様な影響が生じる。色覚をCGでシミュレーションするソフトウェアが配布されており，ディジタルカメラで撮影した写真や，CGソフトウェアで製作したグラフィックなどを色盲の人がどのように見ているのかをイメージすることができる。最近，赤緑色弱の体験ができる眼鏡も発売された。

が有名で，承認を受けたことを Web 上に表示するアイコンも用意されている。

一方，国の機関や地方公共団体などのホームページには，「らくらくウェブ散策」という音声読上げ・文字拡大サービスが組み込まれるようになってきた。「らくらくウェブ散策」では，1) マウス・ポインタ位置のテキストを読み上げる機能，2) 文字拡大表示機能，3) 画面配色切替え機能，および 4) 効果音機能が用意されている。効果音機能とは，ホームページの読込み中と完了時に音で合図する機能である。これらは，特別な装置を必要とせず，ソフトウェアをダウンロードするだけで利用できる。

Web に用いられている技術は，最近では製品のインタフェースとしても利用されるようになってきた。画面に表示されるメニューと説明に従って操作する方法は，操作に不慣れな人にも優しいインタフェースとなり得る。しかし，多機能化のあまり複雑な階層構造となり，難しい装置となってしまう傾向も強い。だれにもわかりやすく，使いやすい製品とするためには，インタフェースのデザインが重要となる。設計思想として，作る側の都合からではなく，ユーザの立場から考えることが重要である。多様なユーザの多様な対応を観察することから設計を進めることが求められ，このような設計プロセスは**人間中心設計**として国際規格（ISO 13407）にもなっている。

9.5 ユニバーサルな社会づくり

9.5.1 地方自治体の取組み

ユニバーサルデザインを政策の中に取り入れる地方自治体が増えている。そのさきがけは静岡県だった。静岡県は，1999 年に知事を本部長として各部局長で構成するユニバーサルデザイン推進本部を設置し，県の部局で横断的にユニバーサルデザインに取り組むことにした。パンフレットやセミナーでの県民への普及，建築設計のガイドライン作成に始まり，イベントづくりや小・中学生へのユニバーサルデザイン教育の教員用教材の作成など，ソフト面に力を入れている。

熊本県では，2000年に選挙公約にユニバーサルデザインを掲げた潮谷義子氏が知事となった。それ以来，県政の中心にユニバーサルデザインを置き，県庁職員への徹底した研修を行い，職員一人ひとりの意識の中にユニバーサルデザインを浸透させることで，あらゆる施策に反映させてきた。

多くの自治体でユニバーサルデザイン賞を設け，アイディアやものづくりを表彰する取組みがある。兵庫県では，ユニバーサル社会づくりを進めているが，2006年度からひょうごユニバーサル社会づくり賞として，教育，障害者や女性の雇用拡大，スポーツなどを通じた「だれもが参画できる社会づくり」の取組みを行う個人や団体，企業を表彰している。

9.5.2 モノからサービスへ

建築物の整備からはじまったユニバーサルデザインの概念が，プロダクトへと広がり，さらにはサービスへと進んでいる。

日本でも企業の**社会的責任**（corporate social responsibility，CSR）が問われる時代になった。経済活動だけではなく，環境への配慮や社会への貢献も含めて，企業の価値が問われる時代となったのである。ものづくりの企業がユニバーサルデザイン商品を大きく打ち出して以来，ユニバーサルデザインという言葉は社会に深く浸透した。現在では，観光やイベント，外食産業といったサービス業もユニバーサルデザインへの取組みを行うところが増えてきた。

ファストフードの大手，日本マクドナルドでは2001年から全店舗に手話のできるスタッフを配置している。店頭に手話対応のステッカーを貼り，手話対応可能なスタッフを，バッジを付けて明示するようにしている。

東京ディズニーランドと東京ディズニーシーでは，さまざまな障害に対応したサービスを提供している。視覚障害者用に園内に触知案内図を配置し，いくつかのアトラクションでは乗り物の模型（スケールモデル）を手で触り，乗車前に形状を確認することができる。聴覚障害者対応として，手話のできるスタッフの配置，字幕表示システムの導入，アトラクションのストーリーやナレーションを紹介するストーリーペーパーの配布など，きめの細かい対応があり，再来

場者の中には障害者も多い。

　千葉県の京成ホテルでは，ホテルのバリアフリーはもちろん，滞在中快適に過ごしてもらうためにさまざまなサービスを用意している。食事（ミキサー食，きざみ食など）の個別対応や点字メニューの設置，車いすスペースを確保するための部屋の家具の移動，盲導犬や聴導犬の排泄場所の用意など，さまざまなニーズに応えている。この取組みが認められ，2003年にはバリアフリー化推進功労者表彰（第2回）の内閣総理大臣賞を受賞した。

　このように，ユニバーサルデザインはあらゆる企業のあらゆる活動において取り組むことのできる概念であり，この取組みは企業の価値を高める基準となっている。熊本県では，庁内で調達するもの（軽い力でとじられるステープラといった文房具など）はすべてユニバーサルデザインの概念で作られた商品とすることとしている。これからは，ユニバーサルデザインの概念を持たない企業は生き残ることが難しい時代となるだろう。

章　末　問　題

【1】　身の回りにあるもので，ユニバーサルデザインの概念で作られているものを持ち寄り，どのような点に工夫があるのか議論せよ。
【2】　ユニバーサルなサービスを提供していると感じる企業，店舗の取組みを調べよ。
【3】　ユニバーサルデザインの歴史について，欧米と日本の違いを調べてみよ。

引用・参考文献

1章
1) 障害者福祉研究会 編：ICF 国際生活機能分類—国際障害分類改定版，中央法規出版 (2002)
2) 上田敏：ICF(国際生活機能分類) の理解と活用—人が「生きること」「生きることの困難 (障害)」をどうとらえるか，きょうされん (2005)
3) 池上直己，下妻晃二郎，福原俊一，池田俊也 共編：臨床のための QOL 評価ハンドブック，医学書院 (2001)
4) ピーター・M. フェイヤーズ他：QOL 評価学—測定，解析，解釈のすべて，中山書店 (2005)
5) 萬代隆 監修：QOL 評価法マニュアル　評価の現状と展望，インターメディカ (2001)
6) 国立社会保障・人口問題研究所 編：日本の将来推計人口—平成 24 年 1 月推計—，厚生労働統計協会 (2012)
7) 厚生労働省 編：厚生労働白書〈平成 27 年版〉，日経印刷 (2015)
8) 内閣府 編：高齢社会白書〈平成 28 年版〉，日経印刷 (2016)
9) 内閣府 編：障害者白書〈平成 28 年版〉，勝美印刷 (2016)
10) 障害者福祉研究会：新訂 身体障害認定基準及び認定要領—解釈と運用，中央法規出版 (2005)
11) 日本規格協会：JIS ハンドブック 高齢者・障害者等 2012，日本規格協会 (2012)
12) 共用品推進機構 編：ISO/IEC ガイド 71 徹底活用法—高齢者・障害者配慮の国際標準，日本経済新聞社 (2002)
13) 作業療法ジャーナル編集委員会 編：最新版テクニカルエイド　福祉用具の選び方・使い方，三輪書店 (2003)
14) A.M.Cook and J.M.Polgar：Cook and Hussey's Assistive Technologies：Principles and Practice, 3rd ed., Mosby(2007)
15) 山越憲一 編著：健康・福祉工学ガイドブック，工業調査会 (2001)
16) 足立芳寛 監修，後藤芳一 編著：バリアフリーのための福祉技術入門，オーム社 (1998)

2 章
17) 舟久保熙康, 初山泰弘 監修:福祉工学, 産業図書 (1995)
18) 日本視覚学会 編:視覚情報処理ハンドブック, 朝倉書店 (2000)
19) 鈴木浩明:バリアフリー時代の心理・福祉工学, ナカニシヤ出版 (2003)
20) JIS X 8341-3(2004) 高齢者・障害者等配慮設計指針——情報通信における機器 ソフトウェア及びサービス——第3部:ウェブコンテンツ, 日本規格協会 (2004)
21) JIS T 9251(2001) 視覚障害者誘導用ブロック等の突起の形状・寸法及びその配列, 日本規格協会 (2001)

3 章
22) 伊福部達:福祉工学の挑戦 (身体機能を支援する科学とビジネス), 中公新書 (2004)
23) 山越憲一 編著:健康・福祉工学ガイドブック, 工業調査会 (2001)
24) ISO 7029(2000): Statistical distribution of hearing thresholds as a function of age, ISO(2000)

4 章
25) 松原勝美, 松沢正:移動補助具——杖・松葉杖・歩行器・車椅子, 金原出版 (2000)
26) R. A. Cooper:車いすのヒューマンデザイン, 医学書院 (2000)
27) P. Axelson ほか:車いすの選び方, 医学書院 (2001)
28) 車いす姿勢保持協会 編:元気のでる車いすの話, はる書房 (2003)
29) 市川洌:ホイストを活かす吊具の選び方・使い方, 三輪書店メルク (1996)
30) 大迫裕三 編:福祉車両のすべてがわかる本, 立風書房 (2001)

5 章
31) 安藤忠, 大貝茂:子どものための AAC 入門——文字盤からコンピュータへ, 協同医書出版社 (1998)
32) 中邑賢龍:AAC 入門 (改訂版)——拡大・代替コミュニケーションとは——, こころリソースブック出版会 (2002)
33) 藤澤和子ほか:視覚シンボルによるコミュニケーション 日本語版 PIC, ブレーン出版 (1998)
34) J. J. Lazzaro:アダプティブテクノロジー——コンピュータによる障害者支援技術, 慶應義塾大学出版会 (2002)
35) アライド・ブレインズ:Web アクセシビリティ JIS 規格完全ガイド, 日経 BP 社 (2004)
36) 榊原直樹ほか:情報アクセシビリティ——やさしい情報社会へ向けて, NTT 出版 (2005)
37) アクセシビリティ研究会:情報アクセシビリティとユニバーサルデザイン——誰も

が情報にアクセスできる社会をめざして，アスキー (2003)
38) 原口由美，植田妙子：簡単にできる！ベッドサイド コミュニケーション―障害をもつ人との視線・Yes/No コミュニケーション技法―, こころリソースブック出版会 (2001)

6章

39) 長寿社会開発センター 編：高齢者のための介護機器等マニュアル―排泄編・入浴編・移動編・自助具・その他関連機器編, 長寿社会開発センター (1995)
40) 石井賢俊，西村かおる：らくらく排泄ケア―自立を促す排泄用具選びのヒント 改訂2版, メディカ出版 (2004)
41) 松元義彦：手作り自助具の工作技術, 三輪書店 (2004)
42) 日本作業療法士協会 編：作業療法士が選ぶ 自助具・生活機器, 保健同人社 (1995)
43) 遠藤てる：片手で料理をつくる―片麻痺の人のための調理の手引き, 協同医書出版社 (1998)
44) Z. Bien ほか：Advances in Rehabilitation Robotics, Springer (2004)

7章

45) 加倉井周一，初山泰弘：補装具 第2版, 医歯薬出版 (1999)
46) 川村次郎，竹内孝仁 編：義肢装具学 第2版, 医学書院 (2000)
47) 日本整形外科学会・日本リハビリテーション医学会 監修：義肢装具のチェックポイント 第5版, 医学書院 (1999)
48) JIS ハンドブック38 高齢者・障害者等―2007, 日本規格協会 (2007)
49) JIS T0101-1997 福祉関連機器用語［義肢・装具部門］, 日本規格協会 (1997)
50) ISO9999:2002 Technical aids for persons with disabilities – Classification and terminology

8章

51) Polly Welch：Strategy for Educating Universal Design, Adaptive Environments, Boston, U.S.A.(1995)
52) Americans with Disabilities Act Handbook, Equal Employment Opportunity Commission and the U.S. Department of Justice(1991)
53) 財団法人共用品推進機構 編：高齢者にわかりやすい駅のサイン計画, 都市文化社 (1999)
54) 路面電車と都市の未来を考える会 編著：路面電車とまちづくり, 学芸出版社 (1999)
55) バリアフリー新法研究会 編：Q&A バリアフリー新法, ぎょうせい (2007)
56) 高齢者居住法研究会 編著：完全施行版 高齢者居住法の解説, 大成出版社 (2001)
57) 長谷憲明：よくわかる！新しい介護保険のしくみ, 瀬谷出版 (2006)
58) 福祉用具プランナーテキスト, 財団法人テクノエイド協会

59) 社団法人住宅生産団体連合会：住宅産業を取り巻く動き，http://www.judanren.or.jp/（2008年12月現在）
60) 川内美彦：バリア・フル・ニッポン 障害を持つアクセス専門家が見たまちづくり，現代書館 (1996)
61) 建設省住宅局住宅生産課：住宅品確法「性能表示制度」早わかりガイド，PHP研究所 (2000)
62) セルウィン・ゴールドスミス 著，青木他 訳：身体障害者のための生活環境設計，人間と技術社 (1974)

9章

63) ユニバーサルデザイン研究会 編：ユニバーサルデザイン～超高齢社会に向けたモノづくり～，日本工業出版 (2001)
64) James J. Pirkl：Transgenerational Design Products for an Aging Population, VAN NOSTRAND REINHOLD(1993)
65) George A. Convington, Bruce Hannah：Access by Design, VAN NOSTRAND REINHOLD(1997)
66) Michael G. Paciello 著，ソシオメディア株式会社 監訳：ウェブ・アクセシビリティ すべての人に優しいウェブ・デザイン，アスキー (2002)
67) C&C振興財団 編，アクセシビリティ研究会 著：情報アクセシビリティとユニバーサルデザイン，アスキー (2003)
68) しずおかユニバーサルデザイン（静岡県），http://www.pref.shizuoka.jp/ud/shizuoka_ud.html（2008年12月現在）
69) ユニバーサルデザイン・ネットくまもと（熊本県），http://www.pref.kumamoto.jp/ud/（2008年12月現在）
70) ユニバーサルひょうご（兵庫県），http://www.universal-hyogo.jp/index.html（2008年12月現在）
71) 東京ディズニーリゾート，http://www.tokyodisneyresort.co.jp/（2008年12月現在）
72) 井上滋樹：＜ユニバーサル＞を創る！，岩波書店 (2006)
73) 井上滋樹：ユニバーサルサービス，岩波書店 (2004)
74) ユニバーサルデザイン研究会 編：新・ユニバーサルデザイン，日本工業出版 (2005)
75) 季刊ユニバーサルデザイン，ユニバーサルデザイン・コンソーシアム
76) 古瀬敏：ユニバーサルデザインとはなにか，都市文化社 (1998)

索引

【あ】

アクセシビリティ　74
アクセシビリティ保障　148
アクティブポスター　26
アプローチ　127
アームレスト　53

【い】

意思伝達装置　70
移乗　52, 60
移乗動作　54
いす　86
インクルーシブデザイン　145

【う】

運転補助装置　67

【え】

エアクッション　60
エネルギー蓄積型足部　110
絵文字　72
エルボークラッチ　49
エレベータ　128

【お】

オージオグラム　32
オストメイト　90, 128, 129
オーダーメイド　11
オプタコン　20
おむつ　89
折りたたみ式　52
音響式信号機　27
オンスクリーンキーボード　150

音声言語　45
音声認識　80
音声歩行案内システム　26
音声読上げ　21

【か】

介護　4
介護実習・普及センター　11
介護保険法　12, 120
外耳　30
介助用車いす　51
ガイドライン　28
蝸牛　30
拡大鏡　18
拡大読書器　18
角膜　15
下腿義足　109
活動　2
活動制限　2
簡易電動化ユニット　57
感音難聴　31
眼球　15
環境因子　3
環境制御装置　80, 81
杆体　15
眼電図　79

【き】

記号化法　71
義肢　102
義肢装具　102
義肢装具士　102
義手　102
義足　102
機能障害　2

機能代行　6
キーボードエミュレータ　76
キャスタ上げ　53
キャスタ輪　53
ギャッチベッド　84
キャンバ角　56
共用品　146
筋電義手　109

【く】

クッション　59
クラッチ　49
車いす　51
車いす寸法　55

【け】

ケアマネジメント　122
携帯電話　23

【こ】

交通バリアフリー法　120
高齢化社会　4
高齢化率　4
高齢者　4
高齢社会　4
高齢者居住法　122
呼気スイッチ　77
国際シンボルマーク　129
国際生活機能分類　2
国際福祉機器展　11
個人因子　3
骨格構造義肢　105
骨導式補聴器　34
固定型リフト　63
固定フレーム式　52

索引

【さ】

座位保持	59, 86
サイン	136
作業用義手	106
参加	2
参加制約	2

【し】

ジェロンテクノロジー	7
支援工学	7
視覚	15
視覚障害	5
視覚障害者	16
視覚障害者誘導システム	25
視覚障害者誘導用ブロック	24, 117
色覚	16
色覚障害	150
磁気ループシステム	38
視細胞	15
自助具	75, 96
視線入力	79
肢体不自由	5
シーティング	86
字幕放送	41
視野	16
社会的責任	152
シャワーキャリー	93
シャワーチェア	93
収尿器	90
手動車いす	51
手話	40
手話通訳	40
障害者自立支援法	12, 103
硝子体	15
情報保障	40
食事用具	96
じょくそう	55, 59, 86
じょくそう予防	59
触知案内図	137
処方	103
自立	4

視力	16
シルバーカー	48
人工喉頭	45
人工内耳	37
心身機能・身体構造	2
身体障害者	5
シンボル	72

【す】

水晶体	15
錐体	15
スイッチ	76
スキャン法	70, 82
ストーマ	90
ストーマ用具	90
墨字	19
スリング	63

【せ】

背上げ	84
生活様式	9
精神障害者	6
声帯	44
整容	98
赤外線補聴援助システム	36
全盲	16

【そ】

装具	102
走行性能	55
操作用具	96
装飾用義手	106
ソケット	105
尊厳	12, 89, 93

【た】

大腿義足	109
対面朗読	20
多機能トイレ	128
多脚杖	49
立上り補助いす	88
多様性	144
短下肢装具	114

単脚杖	49
段差	127
端座位	84

【ち】

知的障害者	6
チームアプローチ	103
中耳	30
中途失聴	32
超音波補聴器	40
聴覚	30
聴覚・言語障害	5
聴覚障害者	31
聴力レベル	31

【つ】

杖	48
継手	109
吊具	63

【て】

ディジタル補聴器	35
ティッピングバー	58
ティルト	59
適合	33
テキスト音声合成装置	20
デザインフォーオール	145
手すり	85, 92, 94
テレビ電話	44
伝音難聴	31
点字	19
展示会	11
点字ディスプレイ装置	22
点字図書館	18
点字ブロック	24
天井走行型リフト	62
点状ブロック	25
電動義手	106
電動車いす	51, 57, 80
電動三輪車・四輪車	57
点訳書籍	20

【と】

トイレ	54
透明文字盤	70
特殊浴槽	95

【な】

内耳	30
内部障害	5
難聴	31

【に】

ニーズ	12
日常生活動作	3
日常生活用具	23
入浴用具	93
人間中心設計	151

【ね】

寝かせきり	61
寝たきり高齢者	61

【の】

能動義手	106
能動ハンド	106
能動フック	106
脳波	80
ノーマライゼーション思想	123
ノンステップバス	131

【は】

排泄	89
排泄用具	89
ハイローベッド	85
白杖	25, 49
パソコン要約筆記	43
発声代行機器	47
ハートビル法	119
バリア	117
バリアフリー	117
バリアフリー新法	120
パワーアシスト式車いす	58

ハンドリム	53

【ひ】

膝折れ	110
標準案内用図記号	136
品確法	123

【ふ】

ファクシミリ	41
福祉	1
——のまちづくり	117
福祉機器	7
福祉工学	7
福祉車両	66
福祉用具	8
福祉理念	2
不随意運動	77
フック	106
フットレスト	52

【へ】

ページめくり機	99
ベッド	54, 84
ヘッドスティック	74
ヘッドマウス	78

【ほ】

ホイスト	61
棒状ブロック	25
訪問入浴サービス	96
歩行器	48
歩行車	48
歩行補助具	48
補装具	102
ポータブルトイレ	90
補聴器	32, 33
ボディメカニクス	61
歩道	135
ホームドア	132

【ま】

マウススティック	74
マットレス	86

松葉杖	49

【み】

耳あな形補聴器	34
耳かけ形補聴器	34

【め】

メール	41
メンテナンス	103

【も】

網膜	15
文字多重放送	41
文字放送	41
モジュラー車いす	56
モワットセンサ	25
モンキーバー	85

【や】

薬事法	8

【ゆ】

床走行型リフト	61
ユニバーサルデザイン	120, 139
ユニバーサルデザイン政策大綱	121

【よ】

要介護高齢者	5
要約筆記	40
抑揚機能付き人工喉頭	47
四脚杖	49

【り】

リクライニング	59
リスピーク	42
リーチャー	98
立体視	16
リハビリテーション工学	7
リハビリテーション法	125
リフタ	61
リフト	61

索　引

両眼視機能		16

【れ】

レッグレスト		53

【ろ】

ろう		32
老化		5
朗読テープ		20

ロービジョン		17, 149
ロフストランドクラッチ		49
ロボット		99
路面電車		131

【A】

AAC		69, 150
ADA		22, 143
ADL		3

【B】

BCI		80
BFO		114

【D】

DAISY		24

【F】

FM 補聴器		35

【I】

ICF		2
ICIDH		2
ISO		8

【L】

LRT		131

【Q】

QOL		3, 89, 96

【S】

SG マーク		49
SP コード		23

【V】

VOCA		71

―― 著者略歴 ――

手嶋　教之（てじま　のりゆき）
1984年　東京大学工学部精密機械工学科卒業
1986年　東京大学大学院工学系研究科修士課程修了（精密機械工学専攻）
1986年　国立身体障害者リハビリテーションセンター研究所
1988年　ウィーン工科大学助手
1995年　博士（工学）（東京大学）
1996年　立命館大学助教授
2007年　立命館大学教授
　　　　現在に至る

相川　孝訓（あいかわ　たかのり）
1976年　慶應義塾大学工学部機械工学科卒業
1978年　慶應義塾大学大学院工学研究科修士課程修了（機械工学専攻）
1978年　財団法人日本成人病予防会鹿教湯総合リハビリテーション研究所
1984年　国立身体障害者リハビリテーションセンター研究所
2008年　国立障害者リハビリテーションセンター研究所
　　　　現在に至る

糟谷　佐紀（かすや　さき）
1993年　神戸大学工学部環境計画学科卒業
1995年　神戸大学大学院工学研究科修士課程修了（環境計画学専攻）
1995年　株式会社現代計画研究所
2001年　兵庫県立福祉のまちづくり工学研究所
2005年　神戸学院大学専任講師
2006年　徳島大学大学院工学研究科博士後期課程修了（エコシステム学専攻），博士（工学）
2011年　神戸学院大学准教授
　　　　現在に至る

米本　清（よねもと　きよし）
1978年　電気通信大学電気通信学部応用電子工学科卒業
1980年　国立身体障害者リハビリテーションセンター
1989年　東京電機大学大学院工学研究科修士課程修了（電気工学専攻）
1997年　博士（医学）（東京医科大学）
1998年　岩手県立大学助教授
2004年　岩手県立大学教授
　　　　現在に至る

相良　二朗（さがら　じろう）
1977年　九州芸術工科大学芸術工学部工業設計学科卒業
1977年　兵庫県社会福祉事業団総合リハビリテーションセンター
1993年　兵庫県立福祉のまちづくり工学研究所
1997年　九州芸術工科大学大学院博士後期課程単位取得退学
2000年　神戸芸術工科大学助教授
2004年　神戸芸術工科大学教授
　　　　現在に至る
2012年　博士（芸術工学）（神戸芸術工科大学）

基礎 福祉工学
Basic Rehabilitation Engineering
ⓒ Tejima, Yonemoto, Aikawa, Sagara, Kasuya 2009

2009 年 2 月 20 日　初版第 1 刷発行
2016 年 9 月 30 日　初版第 3 刷発行

検印省略	著　者	手　嶋　教　之
		米　本　　　清
		相　川　孝　訓
		相　良　二　朗
		糟　谷　佐　紀
	発行者	株式会社　コロナ社
	代表者	牛来真也
	印刷所	三美印刷株式会社

112-0011　東京都文京区千石 4-46-10

発行所　株式会社　コロナ社
CORONA PUBLISHING CO., LTD.
Tokyo Japan
振替 00140-8-14844・電話 (03) 3941-3131 (代)
ホームページ http://www.coronasha.co.jp

ISBN 978-4-339-04523-9　（阿部）　（製本：愛千製本所）
Printed in Japan

本書のコピー，スキャン，デジタル化等の無断複製・転載は著作権法上での例外を除き禁じられております。購入者以外の第三者による本書の電子データ化及び電子書籍化は，いかなる場合も認めておりません。

落丁・乱丁本はお取替えいたします

ロボティクスシリーズ

(各巻A5判)

- ■編集委員長　有本　卓
- ■幹　　　事　川村貞夫
- ■編集委員　石井　明・手嶋教之・渡部　透

配本順				頁	本体
1. (5回)	ロボティクス概論	有本　卓編著		176	2300円
2. (13回)	電気電子回路 ―アナログ・ディジタル回路―	杉田　進／山中克彦／小西　聡 共著		192	2400円
3. (12回)	メカトロニクス計測の基礎	石井　明／木股雅章／金子　透 共著		160	2200円
4. (6回)	信号処理論	牧川方昭著		142	1900円
5. (11回)	応用センサ工学	川村貞夫編著		150	2000円
6. (4回)	知能科学 ―ロボットの"知"と"巧みさ"―	有本　卓著		200	2500円
7.	メカトロニクス制御	平井慎一／坪内孝司／秋下貞夫 共著			
8. (14回)	ロボット機構学	永井　清／土橋宏規 共著		140	1900円
9.	ロボット制御システム	玄　相昊編著			
10.	ロボットと解析力学	有本　卓／田原健二 共著			
11. (1回)	オートメーション工学	渡部　透著		184	2300円
12. (9回)	基礎福祉工学	手嶋教之／米本川良佐／相良貞／相澤訓弘／糟谷紀裕 共著		176	2300円
13. (3回)	制御用アクチュエータの基礎	川野早松／野方所川浦／田村恭貞／誠論裕 共著		144	1900円
14. (2回)	ハンドリング工学	平井慎一／若松栄史 共著		184	2400円
15. (7回)	マシンビジョン	石井　明／斉藤文彦 共著		160	2000円
16. (10回)	感覚生理工学	飯田健夫著		158	2400円
17. (8回)	運動のバイオメカニクス ―運動メカニズムのハードウェアとソフトウェア―	牧川方昭／吉田正樹 共著		206	2700円
18.	身体運動とロボティクス	川村貞夫編著			

定価は本体価格+税です。
定価は変更されることがありますのでご了承下さい。

図書目録進呈◆